ATTAC

Que faire du FMI et de la Banque mondiale ?

attac

ÉDITIONS MILLE ET UNE NUITS

Les Petits Libres
n° 42

ASSOCIATION POUR LA TAXATION
DES TRANSACTIONS FINANCIÈRES
attac POUR L'AIDE AUX CITOYENS

Association pour la taxation des transactions financières pour l'aide aux citoyens (Attac), 6, rue Pinel, 75013 Paris.
Tél. : 01 53 60 92 40. Fax : 01 53 60 40 72.
Courriel : attac@attac.org

Illustration de couverture : Boris Séméniako

Notre adresse Internet : www.1001nuits.com

ISBN : 2-84205-657-4

SOMMAIRE

Avertissement

Ce livre a été élaboré par le groupe de travail Institutions financières internationales (IFI) du Conseil scientifique d'Attac, composé de Suzanne De Brunhoff, économiste, CNRS ; Jacques Capdevielle, directeur de recherche au Centre d'étude de la vie politique française ; Gus Massiah, fondateur du Centre d'études et d'initiatives internationales (CEDETIM), et président du Centre de recherche et d'information pour le développement (CRID) ; et Dominique Plihon, économiste, professeur à l'université Paris-XIII, Centre d'économie de Paris-Nord-CNRS.

Les principales analyses de ce livre ont été discutées et approuvées par le Conseil scientifique. L'objectif est d'aboutir à une analyse et à des propositions d'Attac sur la réforme des IFI.

Que faire du FMI et de la Banque mondiale ?

Introduction

En juillet 1944, la Seconde Guerre mondiale n'était pas terminée lorsque s'ouvrit la conférence de Bretton Woods, qui réunit aux États-Unis les représentants des États et de gouvernements alliés contre les puissances de l'Axe : l'Allemagne, l'Italie et le Japon. Les principaux protagonistes en furent John Maynard Keynes, représentant du Royaume-Uni, et Harry White pour les États-Unis. Pierre Mendès France représentait le gouvernement en exil de Charles de Gaulle. Le Fonds monétaire international (FMI) et la Banque mondiale, aujourd'hui largement discrédités, en sont issus. Ces deux institutions, dites de Bretton Woods, se sont cependant progressivement éloignées des fonctions qui leur avaient été initialement attribuées : stabiliser les taux de change pour éviter le retour des désordres monétaires des années 1930 et financer la reconstruction à la suite de la guerre. Elles se sont muées, au fil des décennies, en des instruments à travers lesquels le capitalisme transnational impose aux pays dépendants et endettés ses préceptes d'organisation, que recouvre le terme d'« ajustement structurel ».

Ces deux institutions financières internationales (IFI), largement sous la coupe des États-Unis, ont été utilisées de manière à se substituer à des institutions qu'elles ont vidées de toute substance et de moyens d'intervention, comme la Conférence des Nations unies pour le commerce et le développement (CNUCED) ou le Programme des Nations unies pour le développement (PNUD) – qui relèvent toutes deux de l'Organisation des Nations unies (ONU) et dont le fonctionnement est *a priori* plus démocratique. En effet, ces dernières fonctionnent sur le principe censitaire « un dollar = une voix », et les États les plus riches y ont le plus de voix. Au contraire, dans les organisations du système des Nations unies, la règle est « un État, une voix ». Les IFI ont aggravé les inégalités Nord-Sud en imposant des politiques contraires aux exigences d'un véritable développement, en privilégiant le paiement de la dette et l'ouverture aux capitaux privés, au détriment des objectifs (de production, environnementaux, sociaux, en matière d'éducation et de santé, etc.) qu'entendent poursuivre les populations locales. Ces politiques, et notamment les fameux plans d'ajustement structurels imposés par le FMI, se sont soldées par de graves échecs : crises à répétition et montée des inégalités entre pays développés et pays en développement, et aussi montée des inégalités sociales à l'intérieur de chaque pays.

Nous proposons de réformer radicalement les IFI, c'est-à-dire de remettre en cause la nature même des pouvoirs qui s'expriment à travers ces institutions, et la logique qui détermine leur action. Notre position s'oppose, d'une part, aux ultra-libéraux qui souhaitent réduire au minimum la régulation publique internationale, selon la conception exprimée par le rapport Meltzer présenté en 2000 devant le Congrès américain ; d'autre part, à ceux qui n'envisagent de réforme qu'à la marge des IFI de Bretton Woods, ligne suivie par les gouvernements français successifs.

Les propositions que nous avançons ne visent aucunement à améliorer le fonctionnement des IFI en vue d'assurer la pérennité du système existant. Elles permettent, au contraire, de montrer en quoi le fonctionnement actuel des IFI va à l'encontre des exigences du développement. Elles s'appuient sur des revendications légitimes, mais le plus souvent inacceptables pour les acteurs privés et publics qui conduisent aujourd'hui le système financier international. Notre objectif est de relancer ces revendications avec ceux, de plus en plus nombreux dans le monde, qui partagent nos analyses pour populariser la nécessité d'une autre architecture financière internationale.

Les principales propositions de réforme avancées sont de deux ordres.

Premièrement, il s'agit de redéfinir les missions du FMI et de la Banque mondiale autour de trois objectifs centraux :

1. Combattre les inégalités sur la planète, ce qui doit, en particulier, conduire à l'annulation de la dette des pays les plus pauvres ;

2. Promouvoir le développement durable, ce qui implique notamment une remise en cause radicale des plans d'ajustement structurels imposés par le FMI ;

3. Lutter contre l'instabilité financière, donc contre la spéculation, par des politiques de contrôle et de taxation des capitaux (taxe Tobin).

En second lieu, il est nécessaire de réformer le fonctionnement des IFI, et ce de trois manières :

1. La démocratisation à tous les niveaux, notamment abandon du principe « un dollar = une voix » ;

2. Le rattachement à l'Organisation des Nations unies, ce qui permettra de subordonner la logique de la finance libérale aux droits fondamentaux (sociaux, culturels, politiques, environnementaux) contenus dans la Charte des Nations unies ;

3. La création de mécanismes et d'instances de recours internationaux destinés à permettre aux États, mais aussi aux populations et aux citoyens, de poursuivre les organisations internationales, ainsi que les dirigeants politiques et les firmes multinationales qui violent les droits fondamentaux.

LA DÉRIVE DU SYSTÈME

Le fonctionnement du système monétaire international n'a cessé de se dégrader au cours des trois dernières décennies. Les accords de Bretton Woods avaient été conclus dans l'objectif d'élaborer un système moins rigide que l'étalon-or, mais capable de stabiliser les taux de change afin de permettre le financement de la reconstruction et de la croissance économique, une fois la paix revenue. Les signataires, soucieux d'éviter le retour des mouvements spéculatifs et des errements monétaires des années 1930, étaient ouvertement hostiles à la libre circulation des capitaux. Aujourd'hui il n'en est plus rien.

À partir des années 1960, les institutions de Bretton Woods prennent en compte la nouvelle situation, issue de la décolonisation. Pour la Banque mondiale, le développement des pays du Sud remplace désormais la reconstruction des pays dévastés par la Seconde Guerre mondiale. Il s'agit, dans un premier temps, de financer les infrastructures puis l'agriculture. Pour sa part, dans les années 1970, le FMI intervient directement, avec la Banque mondiale, lors des deux crises pétrolières de 1973-1974 et de 1979 pour tenter d'en maîtriser les répercussions. À la demande du sommet du G7 (groupe des sept pays les plus riches de la planète, qui réunit l'Allemagne, le Canada, les États-Unis, la France, l'Italie, le Japon et le Royaume-Uni), créé en 1975, les deux institutions vont mettre en œuvre, dès 1977, les mesures de recyclage des pétrodollars (accumulés par les pays producteurs et prêtés aux pays en déficit) qui joueront un rôle décisif dans la crise de la dette, puis dans la mise au point des programmes d'ajustement structurel.

Dès le départ, le dollar joue un rôle central

« La parité de la monnaie de chaque État membre sera exprimée en termes d'or, pris comme commun dénominateur, ou en dollars des États-Unis d'Amérique du poids et du titre en vigueur au 1er juillet 1944 » (soit 35 dollars pour une once d'or de 31,10348 grammes), précisent les statuts du Fonds monétaire international (FMI) dans la section 1 de l'article IV, fondamental puisqu'il traite de la parité des monnaies. Les statuts déterminent le principe d'une fixité des parités entre les différentes monnaies, défendue bilatéralement : « Tout membre s'engage à ne permettre sur son territoire que des opérations de change entresa monnaie et les monnaies des autres pays membres qui respectent un écart ne dépassant pas 1 % de la parité. »

Lors de sa création, le FMI se voit assigner un rôle de prêteur lorsqu'un de ses membres traverse un déséquilibre temporaire de paiement, pour lui permettre de revenir à la convertibilité de sa monnaie. La Banque mondiale, elle, est chargée d'emprunter sur les marchés internationaux des capitaux les fonds destinés à assurer le financement de programmes d'infrastructures importants, dans le cadre de la reconstruction des économies européennes, puis du développement.

Le système initial de changes fixes défendus bilatéralement fait donc place à un système dont le dollar, avec toutefois la contrainte de sa parité or, est désormais l'étalon. Mais, alors que les accords de Bretton Woods se mettent en place, le monde entre dans la guerre froide ; les États-Unis vont de plus en plus minorer le rôle de l'ONU – car l'URSS fait partie des cinq membres permanents du Conseil de sécurité, aux côtés de la Chine, des États-Unis, de la France et du Royaume-Uni –, préférant s'appuyer sur la Banque mondiale, qu'ils contrôlent[1].

Dans les années 1960, l'essor de l'économie et des échanges mondiaux appelle une demande accrue de dollars, qui engendre l'émission – à travers les eurodollars, c'est-à-dire les dépôts en dollars dans des banques situées hors des États-Unis – d'une masse considérable de billets verts. Or, pour assurer son rôle de « devise clé », la monnaie américaine doit avoir une valeur stable, ce qui suppose que la création de dollars reste sous le contrôle strict de Washington.

1. Lire la présentation de la Banque mondiale en annexe.

Les attaques spéculatives qui se multiplient contre le dollar le rendent de plus en plus inapte à remplir son rôle d'étalon monétaire, alors même que les États-Unis sont confrontés à un déficit durable de leur balance des paiements.

La rupture de 1971 : les taux de change des grandes devises deviennent flottants

Face à ces attaques spéculatives, les États-Unis décident en 1971 de suspendre la convertibilité du dollar contre de l'or, et ils laissent flotter leur monnaie à partir de 1973. Cela signifie que les taux de change des trois principales devises – dollar, deutschmark et yen – sont principalement déterminés par le marché, et non plus contrôlés par les Banques centrales. C'est un acte fondateur de la libéralisation ultérieure des marchés financiers.

Le dollar reste l'étalon du système monétaire international, que ce soit dans les réserves des banques centrales, dans la facturation du commerce international ou dans le libellé de la dette des pays en voie de développement (PVD). Mais, dorénavant, les États-Unis n'ont plus l'obligation de rembourser le dollar avec de l'or : c'est la porte ouverte à un endettement illimité des États-Unis, qui se poursuit jusqu'à ce jour.

À la fin des années 1970, les crédits bancaires distribués par les banques des pays riches se développent vers les pays du Sud. Cela permet à ces banques de recycler les pétrodollars provenant de la hausse du pétrole, et que les émirats placent auprès d'elles. Les pays en développement se trouvent piégés par cet endettement lorsque les taux d'intérêt augmentent brutalement, à la suite du durcissement de la politique monétaire décidé par la Réserve fédérale (Fed), la Banque centrale américaine, à partir de 1979. Sont ainsi créées les conditions de la « crise de la dette » des pays en développement qui éclatera en 1982 et durera presque dix ans.

L'hégémonie du billet vert se maintient

Aujourd'hui, 60 % du commerce international est libellé en dollar, unité de compte internationale dans de nombreux autres domaines, monnaie véhiculaire de 80 % des opérations de change interbancaires, et principale monnaie de réserve (60 % des réserves officielles, principale monnaie des placements privés). Cette hégémonie est toutefois paradoxale : le compte commercial de la balance des paiements extérieurs des États-Unis est déficitaire depuis de nombreuses années, les importations étant supérieures aux exportations. Ce déficit est compensé par les entrées nettes (hors sorties de capitaux américains) de capitaux étrangers sous diverses formes, qui s'apparentent à des crédits faits aux États-Unis. Ainsi la principale puissance mondiale est-elle la plus endettée vis-à-vis de l'extérieur. Ce qui ne va pas sans risques.

Paul Volcker, président de la Federal Reserve au début des années 1980, rappelait récemment devant le Congrès qu'en 2001 le déficit commercial américain a atteint 4,5 % du produit national brut (PNB), avant de poursuivre : « Quels que soient les critères retenus, les déficits commerciaux américains atteignent des niveaux très élevés et insoutenables. [...] Pour qu'ils soient résorbés, nous devrions absorber la totalité des capitaux disponibles dans le monde, et c'est précisément ce qui ne se passera pas » ; « le pays est donc confronté à un risque croissant de déstabilisation brutale des changes» (cité par le *Financial Times* du 15 février 2002).

Le déficit américain est toléré parce que les détenteurs de fonds étrangers ont intérêt à ouvrir ou acheter des entreprises aux États-Unis, et à placer des fonds sur les marchés financiers américains. En investissant de la sorte, ils soutiennent le dollar par rapport à leurs propres monnaies. Les dirigeants américains, depuis 1995, ont affiché leur objectif d'un « dollar fort ». La politique sécuritaire de grande puissance dominante soutient aussi le dollar comme monnaie refuge, en cas de « troubles » à l'étranger, que vient renforcer la fiscalité favorable aux « riches ». De façon plus générale, « le rêve américain » a gardé une grande force d'attraction dans le monde.

Enfin l'idée qu'une crise du dollar engendrerait celle de tout le système capitaliste est très forte. Dans les années 1970, la forte dépréciation du dollar par rapport aux monnaies européennes et au yen est allée de pair avec une forte baisse des profits capitalistes.

Du basculement néolibéral des années 1980 au « consensus de Washington » des années 1990

Le tournant est initié par Ronald Reagan et Margaret Thatcher qui, à peine élus respectivement à la tête des États-Unis et de la Grande-Bretagne, lancent le mouvement de libéralisation financière et le programme de privatisations au début des années 1980. Ces politiques sont d'abord menées aux États-Unis et au Royaume-Uni. Puis, à la fin de la décennie, la Commission européenne, présidée par Jacques Delors, se rallie officiellement à la doctrine néolibérale qui se traduit par la création du marché unique. Enfin, cette politique s'impose au reste du monde et aux pays en développement à partir des années 1990. Apparaissent alors les « pays émergents », pays en voie d'industrialisation s'ouvrant à la finance internationale.

Le dogme néolibéral est codifié sous la forme du « consensus de Washington », sorte de table des lois imposé par les grandes puissances capitalistes du G7.

Le consensus de Washington

L'expression « consensus de Washington » est née au début des années 1990, sous la plume de l'économiste britannique John Williamson. Elle désigne, et couronne, la doctrine néolibérale qui a été imposée par la communauté financière internationale aux pays en voie développement pour les amener à s'ouvrir au processus de mondialisation libérale. Elle repose sur une série de principes, dont les plus importants sont :

– la discipline fiscale, c'est-à-dire l'équilibre budgétaire et la baisse des prélèvements fiscaux ;

– la libéralisation financière, avec la fixation des taux d'intérêt par le marché et l'abandon des taux d'intérêt administrés en faveur des investissements prioritaires ;

– la libéralisation commerciale avec la suppression des protections douanières ;

– l'ouverture totale des économies aux mouvements de capitaux et, en particulier, à l'investissement direct ;

– la privatisation de l'ensemble des entreprises ;

– la dérégulation, c'est-à-dire l'élimination de tous les obstacles à la concurrence ;

– la protection légale des droits de propriété intellectuelle des multinationales.

L'application rigoureuse des principes du « consensus de Washington » a inspiré la politique de financement de la Banque mondiale et les plans d'ajustements structurels du FMI fondés sur le sacro-saint triptyque : stabilisation – libéralisation – privatisation. Le consensus de Washington fait actuellement l'objet d'une remise en cause, y compris dans les rangs libéraux. Joseph Stiglitz, ex vice-président de la Banque mondiale, est l'un de ceux qui le contestent. Il est en effet difficile d'ignorer les dégâts que cette doctrine a causés, sa contribution aux crises financières à répétition et sa responsabilité dans les déséquilibres au sein des pays en voie de développement, et dans les déstabilisations inhérentes à l'ouverture et à la libéralisation sauvages.

Les programmes d'ajustement structurel et les dégâts des années 1990

Dans le nouveau contexte de globalisation financière, les IFI sont devenues des instruments contribuant à imposer, souvent avec la complicité tacite ou résignée des États nationaux, des politiques du consensus de Washington de maîtrise des dépenses publiques et de réduction du rôle de l'État, de privatisations et de libéralisation du commerce, de déréglementation des marchés.

Ces politiques sont au cœur des programmes d'ajustement structurel (PAS) du FMI, dont les objectifs sont : la libéralisation, c'est-à-dire la régulation par les marchés de l'économie, et la diminution du rôle de l'État dans ce domaine ; la priorité donnée aux exportations, d'où l'exploitation effrénée des ressources domestiques et la dévaluation des monnaies ; le primat de l'investissement international dans les structures productives, donc la nécessité des privatisations ; la flexibilité et la pression sur les salaires, ainsi que l'affaiblissement des systèmes publics de protection sociale ; la baisse des dépenses budgétaires considérées comme improductives, ce qui se traduit par la réduction des budgets en matière de santé et d'éducation.

Toutefois, au-delà des frontières nationales, le modèle s'étend à la construction de l'environnement international qui lui correspond : primauté du marché des capitaux, régulation des investissements et arbitrage par le commerce mondial. Il s'agit d'organiser un cadre, contraignant pour les États, qui « libérerait » les marchés internationaux et les opérateurs privilégiés du développement : les entreprises internationales.

À partir de la critique de ceux qui l'ont précédé – les modèles fordiste, soviétique et celui des indépendances nationales –, ce modèle impose une logique économique opposée. Ainsi, les privatisations sont opposées aux nationalisations, l'ouverture au marché mondial au protectionnisme, le marché au plan, l'exportation au marché intérieur, etc. Ce modèle néolibéral est, en fait, un modèle de reconquête. Il montre bien que la bataille idéologique est une des formes de la lutte sociale. Il a su profiter des leçons tirées des échecs et des faiblesses des modèles précédents pour proposer une nouvelle cohérence, et a intégré la contestation géopolitique du modèle soviétique qui s'est effondré définitivement en 1989 ; il a réduit, à travers la gestion de la crise de la dette, les marges d'indépendance obtenues par la décolonisation (et les tentatives de non-alignement lors de la guerre froide) ; il a remis en cause les avancées sociales du salariat, à travers la précarisation et la crise des systèmes de protection sociale. Cette évolution démontre que les dynamiques à l'œuvre dans les sociétés ne relèvent pas seulement de l'économie ; elles sont aussi sociales, politiques, idéologiques, culturelles, militaires.

L'ajustement structurel a été imposé comme une évidence aux élites internationales, aux gouvernements de la majorité des pays, avant de gagner les experts et les médias. Cette évidence repose à la fois sur une réalité et sur une supercherie. La réalité est qu'il faut bien s'attaquer aux déséquilibres ; la supercherie est de faire croire qu'il n'y a qu'une seule manière de rétablir les équilibres – l'ajustement au marché mondial – et une seule politique possible : l'ajustement structurel et la libéralisation complète. Ces politiques de développement ne correspondent ni à une évidence, ni au bon sens le plus élémentaire, mais elles ont des conséquences. D'autres choix sont cependant possibles.

La reconnaissance des effets écologiques et sociaux désastreux de ces politiques a conduit à un modèle corrigé qui repose sur trois volets. L'ajustement structurel reste le fondement des équilibres macro-économiques, « la lutte contre la pauvreté » introduit une dimension sociale, et « la bonne gouvernance » reconnaît l'importance de la politique et pas seulement de la technocratie ; sans oublier des références assez platoniques à la protection de l'environnement et à l'équilibre entre les genres.

Les crises s'accélèrent et s'amplifient

Depuis le début des années 1990, les crises systémiques se multiplient et se diffusent internationalement : en 1994, tensions sur les marchés obligataires ; en décembre 1994 et février 1995, crise mexicaine ; en février 1995, défaillance de la banque Baring ; à l'automne 1997, crise asiatique ; pendant l'été 1998, difficultés financières russes ; de novembre 1998 à janvier 1999, crise brésilienne ; en 2001 et 2002, crises turque et argentine d'une ampleur dramatique. La crise financière se généralise : elle touche non seulement les pays de la « périphérie », mais aussi ceux du « centre » qui connaissent une crise boursière d'une gravité exceptionnelle.

Dans ce contexte d'instabilité chronique, le FMI se trouve dans une situation paradoxale. D'un côté, son impuissance et même sa responsabilité dans l'extension des crises sont devenues criantes (voir, plus loin, les propos de Joseph Stiglitz). Et, de l'autre côté, le FMI a étendu son champ d'intervention – initialement limité à l'approche macro-économique des questions monétaires – aux questions financières. Sous l'égide du G7, des groupes de travail ont été mis en place en avril 1998. Les ministres des finances du G7, réunis à Cologne en 1999, ont mandaté le FMI pour qu'il fasse des propositions de réforme en matière d' « architecture du système financier international ». Le mandat était clair : ces propositions devaient s'en tenir, pour l'essentiel, au *statu quo*, comme l'avait rappelé Robert Rubin, alors secrétaire au Trésor américain. Ce cadrage conforte en définitive l'évolution des deux décennies passées : il s'agit essentiellement d'améliorer l'information des investisseurs privés sur les marchés financiers émergents, afin d'accroître encore leur rôle.

IMPOSER UNE NOUVELLE LOGIQUE

La réforme des IFI doit s'inscrire dans le cadre d'une réforme d'ensemble du système financier international, mais aussi dans celui, plus global, d'une transformation profonde du système des relations internationales tel qu'il existe aujourd'hui.

La plupart des mouvements abusivement présentés comme « anti-mondialistes » n'ont jamais prôné une régression autarcique. En revanche, les propos de George Bush dénonçant le 16 janvier 2002 à Washington, au siège de l'Organisation des États américains (OEA), « le faux confort du protectionnisme », ne manquent pas de saveur quand on considère ses initiatives de taxation des importations d'acier ou de subvention des productions agricoles. Pour ce qui nous concerne, nous sommes convaincus que la mondialisation n'est pas en soi un processus critiquable, dans la mesure où elle entraîne des échanges de tous ordres entre les peuples. En revanche, ce qui est inacceptable, c'est l'idéologie néolibérale qui a présidé au processus de mondialisation en cours pendant ces dernières décennies et qui a abouti à donner un pouvoir exorbitant aux marchés et à la seule logique de la rentabilité immédiate.

La réforme des IFI est indissociable des réponses apportées à deux questions préalables : réformer les IFI pour promouvoir quel type de développement, face au gâchis actuel en matière de ressources naturelles et humaines ? Sur quels leviers s'appuyer pour imposer une économie au service des hommes et non du seul profit ?

Vers quel type de développement ?

La définition d'un nouveau modèle de développement est à l'ordre du jour. Au-delà des effets de mode, une véritable alternative politique est nécessaire pour réduire les inégalités des revenus et des richesses, qui se sont accrues depuis deux décennies, et pour réduire les risques d'une crise internationale apparus depuis 2001.

Une critique radicale du modèle actuel est indispensable car le développement durable n'est pas compatible avec le règne des marchés et des intérêts privés et la domination égoïste des grandes puissances. En 2002, plus d'un milliard de personnes n'ont pas accès à l'eau potable courante. Les ressources énergétiques des pays pauvres (Bangladesh, Afrique subsaharienne) sont exploitées par des compagnies multinationales et drainées vers les pays riches. Les risques écologiques sont négligés.

Le Sommet de la Terre, organisé sous l'égide de l'ONU, à Johannesburg en août 2002, a été décevant. Les grandes multinationales qui ont joué la carte « éthique » (respect de la nature et des populations) ont été associées à des projets de développement, alors qu'elles exploitent sans contrôle les ressources locales.

Nous pensons qu'un nouveau modèle de développement durable dans le long terme ne peut être économiquement efficace que s'il prend en compte les droits sociaux des peuples (réduction des inégalités et de la pauvreté de masse, protection sociale, santé, éducation) et s'il respecte des normes écologiques contraignantes pour tous les pays.

Sur quels leviers s'appuyer ? Quels rôles pour les États et les organisations internationales ?

Imposer une nouvelle logique économique suppose une modification des rapports actuels de pouvoir. Les opinions publiques, les mobilisations sociales, les forums civils, sont des contre-pouvoirs indispensables. Cependant, leur expression politique est faible. L'abstention électorale s'est beaucoup développée. Le sentiment d'impuissance, le dégoût des « affaires » de corruption, ou d'autres motifs, sont nourris par l'idée que les décisions politiques sont prises « ailleurs » et que l'État ne peut pas grand-chose. Comme l'écrit le journaliste ultralibéral Martin Wolf : « Ce qui a changé dans les années 1980-1990, ce n'est pas le pouvoir des firmes en tant que tel, mais la perception qu'en avaient les gouvernements. (...) C'est une globalisation abandonnée par les gouvernements, consciemment et volontairement, aux forces du marché. L'opinion contraire, solidement ancrée dans les esprits, n'est qu'un mythe contemporain de plus. » (« *Countries still rule the world* », *Financial Times,* 6 février 2002.)

La prégnance du niveau national

Pourtant le cadre des États-nations demeure, aujourd'hui encore, un lieu d'ancrage privilégié. D'une part parce que c'est dans ce cadre que s'exercent la démocratie élective et la citoyenneté politique, et que s'inscrivent la plupart des grandes mobilisations populaires ; d'autre part, parce que les États disposent toujours de leviers opérationnels pour imposer une autre logique économique, ils restent des acteurs incontournables dans les relations internationales.

En agissant sur l'assiette, le taux d'imposition et le type d'impôts – directs ou indirects, auprès des particuliers ou des entreprises – , en fixant le montant des prélèvements sociaux, en décidant de l'affectation des ressources budgétaires, les responsables politiques nationaux exercent toujours un rôle déterminant en matière de protection sociale, de politique de la santé, de politique éducative et de recherche, etc. Les commandes de l'État peuvent contribuer à soutenir l'innovation et les industries naissantes. Sans un financement étatique, une réalisation comme le TGV n'aurait jamais vu le jour en France. Les dirigeants politiques, malgré la tendance au dumping fiscal et malgré leur tolérance (relative) des paradis fiscaux, gardent ainsi un rôle très important sur le plan des décisions économiques et sociales ; les orientations prises par les gouvernements constituent un enjeu pour tous les résidents d'un pays.

Enfin, ce sont les représentants des États qui négocient et signent les accords et traités internationaux. Ici le rôle des Parlements, devenu ridiculement faible, devrait considérablement s'amplifier. De multiples institutions interétatiques se sont développées depuis 1944, mais sans progrès vers une véritable « Société des Nations ».

Les agences de l'ONU dépossédées de leurs attributions par l'OMC

La Charte de l'Organisation des Nations unies (1945) s'inspire du Pacte de la Société des nations adopté au lendemain de la Première Guerre mondiale. L'ONU a pour objet d'assurer la paix dans le monde, tandis que sont rattachées à elles des « agences » spécialisées , censées aider au développement économique et social des populations du monde. Entre autres : l'OIT (Organisation internationale du travail), sur une base tripartite (gouvernements, employeurs et travailleurs), mais dépossédée en partie du débat sur la « clause sociale » au profit des conférences ministérielles de l'OMC ; l'OMS (Organisation mondiale de la santé), mise sur la touche au profit, cette fois encore, de l'OMC, à l'occasion du débat sur la diffusion des médicaments génériques utilisés dans les trithérapies anti-sida ; la FAO (Organisation des

Nations unies pour l'alimentation et l'agriculture), contrainte d'abandonner les négociations sur les échanges agricoles à l'OMC ; et l'UNESCO (Organisation des Nations unies pour l'éducation, la science et le culture), que les États-Unis, exaspérés par son « tiers-mondisme », ont quittée en 1984, mais qu'ils ont décidé de réintégrer en 2002.

Avec l'entrée dans la guerre froide, les États-Unis vont de plus en plus agir en marge de ces organismes, préférant promouvoir l'économie de marché en s'appuyant sur la Banque mondiale et le FMI. Les États-Unis ont signé les deux pactes des Nations unies de 1966 sur les droits civils et politiques d'une part, sur les droits économiques et sociaux d'autre part, mais ils n'ont ratifié que le premier, quinze ans plus tard. Cela ne les empêche nullement d'exercer un pouvoir d'ingérence, bafouant ainsi la souveraineté des États, par FMI interposé, à travers les plans d'ajustement structurel.

Même si la réflexion de ce livre est centrée sur les IFI, on ne peut la dissocier d'une analyse critique de l'autre organisation internationale dotée d'un véritable pouvoir, à l'instar du Fonds monétaire international et de la Banque mondiale, qu'est l'Organisation mondiale du commerce (OMC). On ne peut éviter aussi de s'interroger sur les raisons d'une relégation au second plan de nombre d'institutions spécifiques rattachées à l'ONU.

L'OMC a succédé au GATT (Accord général sur les tarifs douaniers et le commerce) en 1995, ce dernier servant de cadre, entre 1947 et 1994, pour négocier des accords en vue de libéraliser le commerce extérieur. Le traité qui a institué l'OMC est un contrat de type impérial, conclu en dehors du champ d'intervention de l'ONU. À la différence des agences spécialisées de l'ONU, l'OMC détient, avec son Organe de résolution des conflits (ORD), véritable tribunal international, un pouvoir exorbitant pour imposer la primauté des intérêts commerciaux sur toute autre considération. Avec une exception d'importance toutefois : les difficultés que l'ORD rencontre quand qu'il s'agit d'imposer le respect de ses règles aux États-Unis.

Par ailleurs, les décisions de l'OMC constituent souvent une violation des principes fondamentaux sur lesquels s'appuient les droits économiques, sociaux et environnementaux défendus par l'ONU et l'OIT. Il est, par exemple, essentiel que le non-respect des normes édictées par l'OIT puisse être sanctionné, afin que le travail ne soit plus une simple variable d'ajustement, soumise aux intérêts financiers et commerciaux défendus par les IFI et l'OMC. Autre exemple encore : est-il normal que le débat concernant la diffusion de médicaments génériques, pour enrayer la pandémie du sida en Afrique du Sud, se soit centré sur la protection commerciale des brevets des grands groupes pharmaceutiques, l'OMS en étant quasiment absente ?

C'est pourquoi nous luttons contre l'OMC telle qu'elle fonctionne actuellement, et nous demandons la dévolution d'une grande partie de ses interventions à d'autres institutions.

Les IFI comme l'OMC ont, si l'on s'en tient à leurs statuts, des domaines de compétence limités, et qui auraient dû le rester. À l'inverse, l'ONU est soumise à un ensemble de principes fondamentaux exposés dans sa Charte, dans la Convention universelle des droits de l'homme, dans la Convention sur l'élimination des discriminations à l'égard des femmes, dans le Pacte sur les droits économiques, sociaux et culturels, dans la Charte des droits et des devoirs économiques des États.

L'Organisation des Nations unies doit également être réformée, pour perdre son caractère bureaucratique, sortir de son impuissance politique actuelle et être en mesure d'imposer ses décisions à tous les États, y compris ceux du G8 (le G7 plus la Russie). L'ONU est une organisation universelle légitime, à laquelle devraient être subordonnées les autres organisations internationales. Cela suppose toutefois que les États cessent de se défausser d'une partie de leurs responsabilités en les renvoyant sur l'ONU, multipliant ainsi les missions qui lui sont imparties, mais en se gardant bien de lui donner les pouvoirs et les moyens nécessaires pour les mener à bien, en toute indépendance.

Ainsi par exemple en 1996, un Sommet mondial de l'alimentation réuni par la FAO, avec la participation de chefs d'États du monde entier, prend l'engagement d'avoir réduit de moitié la malnutrition mondiale en 2010. En 2001, après un constat d'échec, cette échéance est reportée à 2050 ! À l'inverse, le Programme des Nations unies pour le développement – après un recul constant de ses ressources dans les années 1990 – a certes vu les moyens mis à sa disposition augmenter, mais seulement après s'être conformé aux thèses de l'ajustement structurel, imposées par le FMI et la Banque mondiale.

Le maillage international des organisations non gouvernementales (ONG)

En l'état actuel des choses, les grandes décisions politiques internationales sont débattues soit dans le cercle fermé des cinq membres permanents du Conseil de sécurité de l'ONU ou dans le cadre du G7 et du G8. Toutefois, depuis une quinzaine d'années, l'essor des mouvements associatifs nationaux et transnationaux – que par commodité on appelle ici les ONG (organisations non-gouvernementales) , bien que cette qualification ne concerne qu'un petit nombre d'entre elles –, mobilisés autour des questions du développement ou de préoccupations environnementales, joue un rôle croissant de contre-pouvoir. Cette montée en puissance s'explique à la fois par les carences des corps intermédiaires (partis politiques, syndicats), ainsi que des États, et par l'absence d'institutions internationales dotées d'un véritable pouvoir de régulation et assises sur une légitimité universellement reconnue, y compris donc par les pays du Sud. Le début de coordination des ONG et autres mouvements sociaux opposés à la mondialisation néolibérale, dans le cadre du Forum social mondial de Porto Alegre, montre que les forces sociales sont de plus en plus présentes sur la scène internationale dans les luttes pour une « autre mondialisation ».

RECONFIGURER LES PÉRIMÈTRES D'INTERVENTION

Les IFI font aujourd'hui l'objet d'une critique quasi unanime. Nous ne sommes plus les seuls à dénoncer les méfaits de leurs politiques. Ainsi, Joseph Stiglitz, ancien vice-président de la Banque mondiale, a décidé de s'exprimer sur le FMI en des termes qui rejoignent les analyses d'Attac.

La critique dévastatrice du FMI par Joseph Stiglitz

Vice-président de la Banque mondiale, dont il a démissionné en 1999, prix Nobel d'économie en 2001, Joseph Stiglitz est devenu l'un des critiques les plus acerbes du FMI, comme en témoigne son livre *La Grande Désillusion* (Fayard, 2002). Le plus intéressant est que cette critique émane d'un ancien conseiller de Clinton, défenseur de la mondialisation, et qui connaît de l'intérieur les institutions de Bretton Woods. Stiglitz parle de l'autisme idéologique et politique qui sévit parmi les responsables des IFI, mus par un fanatisme du marché, combiné à une paranoïa de l'inflation. Le prix Nobel d'économie dénonce la prétention à l'objectivité scientifique des experts de Washington, leur discours économique arrogant, aux bases théoriques invalidées. Il montre le biais idéologique des dirigeants, et notamment de l'ancien directeur général, le Français Michel Camdessus, soumis aux principes du consensus de Washington et aux diktats du Trésor américain.

Disciple de Keynes, Stiglitz explique comment la doctrine du tout-marché a conduit inévitablement à la spéculation internationale et aux crises financières dans les pays émergents. À propos de la crise asiatique, il écrit : « Avec le recul, les choses sont claires. Les mesures du FMI n'ont pas seulement exacerbé la crise, elles l'ont aussi en partie provoquée : sa cause principale a probablement été la libéralisation trop rapide des marchés financiers. » De ce désastre, Stiglitz tire une leçon : les pays qui ont évité ou minimisé la crise sont ceux qui ont suivi une politique diamétralement opposée à celle préconisée par le FMI, comme la Chine, l'Inde ou la Malaisie, qui n'ont pas hésité à introduire les contrôles de capitaux nécessaires.

Mais il convient de dépasser les critiques et de faire des propositions de réforme des IFI à mener à deux niveaux : la redéfinition de leurs missions et la transformation de leur mode de fonctionnement.

Trois objectifs doivent être au centre des interventions des IFI : lutter contre les inégalités sur la planète, promouvoir le développement durable et réduire l'instabilité financière internationale.

Priorité à l'annulation de la dette extérieure

La dette est un frein considérable au développement des pays les plus pauvres, et elle pèse lourdement sur les pays dits « émergents ». Le caractère cumulatif des dettes (emprunter pour payer les intérêts, sans être en mesure de pouvoir rembourser) entretient dans une dépendance sans fin les pays du Sud. Il est nécessaire d'obtenir une politique d'allégement et, dans certains cas, d'annulation de leur dette. Le concept de « pays pauvres très endettés » (PPTE) est apparu en 1995, ainsi qu'une première liste de 40 pays. Cette année-là, le sommet du G7 de Halifax, au Canada, encourage les IFI à s'intéresser à ces pays, confrontés à des difficultés de remboursement de leur dette multilatérale. L'initiative PPTE proprement dite apparaît lors du G7 tenu à Lyon en juin 1996, avant d'être officiellement lancée par la Banque mondiale et le FMI en septembre 1996. Devant la nécessité de renforcer le mécanisme, et sous la pression des campagnes de *Jubilee 2000*, le G7 de Cologne annonce en 1999 un renforcement de l'initiative (PPTE « renforcée » ou PPTE II). Elle n'a pas donné de résultats concrets jusqu'à maintenant.

Il est essentiel de changer les modalités actuelles de gestion de la dette. Au lieu de traiter celle-ci au cas par cas, comme cela se fait actuellement dans le cadre des Clubs de Paris et de Londres, il faut mettre en place l'organisation de son traitement global : par exemple, dans le cadre d'une conférence internationale qui permettrait de réduire le poids des IFI et donnerait une dimension politique et planétaire à cette question, en faisant ressortir les responsabilités importantes des banques internationales et des gouvernements des pays riches.

Plusieurs principes pourraient être entérinés lors de cette conférence et s'imposeraient ensuite aux IFI : co-responsabilité des pays créanciers et débiteurs dans l'origine de cette dette, limitation de sa charge à un pourcentage bas des exportations des pays débiteurs, etc. Les IFI devraient adapter leur approche actuelle de l'endettement en termes de « soutenabilité » (conditions économiquement et socialement acceptables), et en se soumettant aux principes définis conjointement par les autorités politiques des pays créanciers et débiteurs.

Briser un cycle infernal

Il n'y a pas de risques majeurs à annuler la dette ; les solutions techniques et économiques sont connues : c'est une question de choix politique. Du point de vue de l'économie mondiale, cette annulation permettrait de relancer l'activité dans les zones atteintes par les crises financières et monétaires. Mais elle doit absolument s'inscrire dans la perspective d'une réforme du système international qui a créé le problème.

Les propositions existent. Dans un premier temps, elles concernent l'annulation du stock de la dette pour les pays les plus pauvres et de la « déflation » de son service, sur la base de critères sociaux, pour les pays intermédiaires. Mais surtout, dans un deuxième temps, il s'agit de mettre en œuvre un droit international de la dette, analogue à ce qui existe dans tous les pays pour la protection des ménages surendettés. Il repose sur le principe de coresponsabilité, la limitation des remboursements en fonction des capacités d'exportation, la régulation des flux nets de transferts de capitaux, l'instauration d'une commission d'évaluation et d'arbitrage pour juger des responsabilités des emprunteurs, des prêteurs et des fournisseurs, les procédures de lutte contre la corruption et l'impunité, la possibilité, pour les associations citoyennes, de se porter partie civile et de demander le blocage des avoirs détenus à l'extérieur par les dirigeants des pays endettés. Une conférence des Nations unies devrait être convoquée pour discuter globalement de la dette et de la réforme des institutions financières internationales.

Par rapport au financement du développement, des points d'appui ont été mis en avant par les campagnes citoyennes. La priorité reste l'annulation de la dette. Le financement du développement implique l'accès à des crédits spécifiques ou à taux réduits, sans autres conditions que la possibilité de remboursement. D'une manière générale, les seules conditionnalités acceptables sont celles qui s'imposent à tous : le respect de la Déclaration des droits de l'homme.

La mobilisation citoyenne mondiale peut peser en faveur d'avancées du droit international. Il y a là de réelles possibilités, tant du point de vue des conceptions que du point de vue des politiques immédiates. La référence au droit international pourrait permettre un règlement équitable de la question de la dette et éviter qu'elle ne se reproduise après son annulation. Le refus de l'impunité permettrait de récupérer les avoirs à l'extérieur, issus des malversations et des corruptions. La coresponsabilité des emprunteurs et des prêteurs permettrait de discuter de la légitimité des dettes devant des instances juridiques compétentes. La responsabilité de l'évolution des taux de change et des taux d'intérêt et de leurs conséquences devrait être appréciée par des instances de recours. Il n'est pas acceptable en effet, que les difficultés financières d'un pays endetté soient dues à la hausse des taux d'intérêt provoquée par les économies développées. Il serait ainsi possible, compte tenu des remboursements déjà effectués, d'apprécier ce qui resterait, éventuellement, à rembourser. L'annulation préfigurerait ainsi la mise en place d'un système fondé sur le droit international qui empêcherait la dette de se reproduire.

La gestion de la crise de la dette a servi aux pays dominants pour remettre au pas les pays du Sud et liquider les espoirs nés de la décolonisation. Il est temps d'admettre que la poursuite de cette politique insupportable met aujourd'hui en danger la paix du monde. La campagne pour l'annulation de la dette a montré que les opinions publiques, dans le Sud comme dans le Nord, en sont de plus en plus conscientes.

Surveillance et gestion des crises financières

L'instabilité financière, avec les crises de change, les crises bancaires et certaines faillites retentissantes comme celle du fonds spéculatif LTCM ou celle d'Enron, est une caractéristique centrale de la finance globalisée. La crise financière est une donnée endogène du capitalisme. Son coût est élevé, et elle est devenue une préoccupation majeure des autorités monétaires et des gouvernements. Il y a une contradiction fondamentale entre la doctrine néolibérale du laisser-faire et la nécessité de mettre en place un système de régulation publique de la finance globale.

Le système de régulation actuel, dit « contrôle prudentiel », repose sur un pilier préventif (réglementation et supervision) et sur un pilier curatif (dispositif de gestion des crises).

Le premier pilier a été construit jusqu'ici dans le domaine bancaire par le Comité de Bâle, à la Banque des règlements internationaux (BRI). Il n'a pas empêché les prises de risque excessif dans l'attribution ou dans la suppression brutale des crédits accordés par de grandes banques internationales. Quant aux autres acteurs financiers (investisseurs, fonds spéculatifs, conglomérats), ils ne font pas l'objet d'une supervision véritable à l'échelle internationale.

Le Comité de Bâle

Le début des années 1970 connaît l'effondrement du système monétaire international de Bretton Woods, fondé sur les changes fixes. L'instabilité des monnaies se développe, fondée sur la spéculation internationale. L'année 1974 est marquée par les faillites de la banque allemande Herstatt et de la banque américaine Franklin National. Ces défaillances individuelles mettent en danger les systèmes financiers par des effets de contagion (c'est le risque systémique). Les dix principaux pays industriels (G10) décident alors de créer le Comité sur le contrôle bancaire qui siège à Bâle, à la Banque des règlements internationaux (BRI), pour définir des règles minima (dites règles prudentielles) et des politiques communes de surveillance des banques à l'échelle internationale.

En 1975, ces travaux débouchent sur le « Concordat de Bâle » qui pose le principe du contrôle des banques sur une base consolidée afin d'y englober leurs établissements à l'étranger. Il organise aussi le partage des responsabilités entre les autorités de contrôle des pays d'origine et des pays d'accueil des opérations bancaires. En 1988, le Comité de Bâle recommande que les banques respectent un ratio de solvabilité (dit « ratio Cooke », du nom du président du Comité), entre leurs fonds propres et leurs risques. Une nouvelle série de normes (dites « Bâle 2 ») sont en cours d'élaboration et s'appliqueront à partir de 2004. Largement inspirées par le lobby des grandes banques, elles s'inscrivent dans une logique libérale : l'objectif est de mettre l'accent sur l'autocontrôle des banques et sur la discipline du marché, ce qui revient à réduire le pouvoir des autorités de tutelle publiques. Quand on sait que les banques sont les principaux rouages de la spéculation internationale, on peut s'interroger sur l'efficacité de ces nouvelles règles !

Le second pilier, curatif, du « contrôle prudentiel » concerne notamment la fonction de « prêteur en dernier ressort international », c'est-à-dire la lutte contre le risque systémique par la fourniture en urgence de liquidités en cas de crise. Le FMI a été chargé de coordonner les opérations de sauvetage dans les crises récentes (Mexique en 1995, Corée en 1998, Argentine et Turquie en 2000-2002, Brésil en 2002) en apportant les liquidités nécessaires aux pays en difficulté de paiement.

Mais le FMI manque de légitimité. Sa gestion est particulièrement contestée depuis la crise asiatique de 1997-1998. Il a beaucoup été question de sa réforme, en 1999, mais rien d'important n'a été décidé, en partie à cause de désaccords sur la nature des réformes à entreprendre. Plusieurs projets ont été avancés : réduire le FMI à son rôle initial en octroyant des prêts exclusivement à court terme à des pays solvables atteints par une crise (comme le préconise la commission Meltzer).

Le rapport de la Commission Meltzer

Présidée par l'universitaire américain Alan Meltzer, conseiller du président des États-Unis, cette commission de onze membres (dont six républicains) nommée par le Congrès, a présenté un rapport en mars 2000. Ce rapport propose une réforme profonde des institutions de Bretton Woods dans une logique ultralibérale, selon les principes suivants.

– Le FMI doit mettre fin à ses prêts à moyen et long terme, et se limiter à la fourniture de liquidités à court terme aux pays respectant des conditions strictes. Sa surveillance doit se concentrer sur les pays en développement non membres de l'OCDE.

– La Banque mondiale et les banques régionales de développement doivent cesser de prêter des capitaux et se concentrer sur le financement des programmes de réduction de la pauvreté et de fourniture de biens publics globaux (santé, éducation, agriculture, etc.) dans les pays en développement. L'annulation de la dette des pays les plus pauvres est recommandée. Pour les pays émergents, ces institutions doivent limiter leur rôle, et se borne à faciliter les flux de capitaux provenant du secteur privé.

Ce rapport, qui représente une offensive des milieux conservateurs américains pour réduire au minimum le rôle des institutions de Bretton Woods, a finalement été rejeté par le Trésor américain, car il avait suscité une levée de boucliers. Ainsi, pour le gouvernement français, les recommandations du rapport (durcissement des conditions des prêts et réduction du champ des pays éligibles) aboutiraient à nier toute mission de service public aux IFI, en abandonnant les objectifs de solidarité et de coopération à l'origine de leur création.

Les ONG françaises ont critiqué le caractère inégalitaire des politiques proposées, qui limitent la surveillance du FMI aux seuls pays en développement, alors que le creusement des déséquilibres extérieurs des États-Unis constitue la principale menace pour la stabilité de l'économie mondiale. Par ailleurs, la réduction des financements des IFI allant aux pays non OCDE, hormis les flux de capitaux privés obéissant aux conditions du marché, va à l'encontre de l'objectif de développement durable de la planète.

À côté des propositions de la Commission Meltzer, une autre position a été affirmée par le gouvernement français, qui consiste à conserver le *statu quo* avec quelques aménagements (rapport Fabius 2000) ; certains économistes d'inspiration keynésienne ont proposé de développer une nouvelle régulation politique internationale (Joseph Stiglitz). Enfin, on a aussi beaucoup parlé d'impliquer les créditeurs privés « imprudents » dans le financement de la réparation des crises financières C'est le cas de la proposition d'Ann Krueger.

Les propositions d'Ann Krueger, Premier directeur général-adjoint du FMI

En novembre 2001, Ann Krueger propose une procédure inspirée des lois sur la faillite applicables aux entreprises privées américaines et qui s'appliquerait aux États en difficulté financière. L'idée est de responsabiliser ainsi les prêteurs en leur faisant partager les risques. La question est alors celle de l'instance chargée de juger de l'opportunité de cette mesure. Si cette responsabilité devait incomber au FMI, il serait juge et partie, ce à quoi s'opposent des ONG comme Jubilé Sud ou le Comité catholique contre la faim et pour le développement (CCFD), qui demandent la constitution d'une Cour indépendante rattachée aux Nations unies. Les milieux financiers sont bien entendu très réticents.

Face à ces désaccords et à ces incertitudes, nous devons mettre en avant nos analyses et nos propositions qui interviennent d'abord en amont, afin de traiter les racines du mal, sans s'en tenir à des interventions ponctuelles destinées à limiter les dégâts : la libéralisation financière ne peut plus être le principe directeur du système financier international. Il est essentiel de promouvoir une nouvelle régulation de la finance, fondée sur un encadrement étroit des acteurs privés par une réglementation stricte des mouvements de capitaux, par la suppression du secret bancaire, par celle des privilèges et des paradis fiscaux, par le renforcement de la taxation des opérations financières internationales. La taxe Tobin s'inscrit dans cette perspective, en frappant la spéculation internationale, pour la réduire et collecter des ressources qui serviraient à alimenter un Fonds mondial de financement du développement.

Concilier lutte contre la pauvreté et défense de l'environnement

La lutte contre la pauvreté fait partie du discours officiel des IFI, mais les politiques sur le terrain ne traduisent pas cet objectif : pour ne prendre que cet angle d'approche, la pauvreté est féminine à 70 %, et les plans d'ajustement structurel ont été particulièrement néfastes pour les femmes, que ce soit pour leur scolarisation, leur santé, leur emploi ou leurs droits. De plus, la politique des IFI consiste le plus souvent – et dans le meilleur des cas – à aider les pauvres, et beaucoup moins à combattre les causes de la pauvreté.

Impacts sociaux et environnementaux

Les nouvelles méthodes de mesure – telles que celles développées depuis 1992 par le PNUD dans ses rapports annuels avec l'indice de développement humain, l'indice sexospécifique de développement humain, l'indice de participation des femmes, l'indice de pauvreté, ou la « comptabilité verte » – doivent être encouragées pour permettre d'« internaliser » les coûts sociaux et écologiques du capitalisme de marché mondialisé. Des études d'impact sur la discrimination sexuelle doivent être menées au préalable et conditionner tous les projets présentés par les IFI.

Cependant la lutte contre la pauvreté ne saurait remplacer le droit au développement. Il ne s'agit pas de secourir les pauvres, mais d'assurer le respect des droits fondamentaux, l'accès pour tous aux services de base et l'égalité des droits. Ceci vaut pour la pauvreté dans les pays du Sud, avec son caractère massif et dévastateur, mais aussi pour celle qui s'est développée dans les pays avancés eux-mêmes et qui touche des millions de personnes, notamment aux États-Unis et au Royaume-Uni.

La nécessité de promouvoir un véritable développement durable a déjà été abordée. Les IFI doivent avoir, parmi leurs objectifs, le souci de mettre en œuvre des mesures compatibles avec la protection de l'environnement. Ainsi, il est important d'aider en priorité le financement de projets agricoles ou industriels favorables à l'équilibre de l'écosystème local. À l'inverse, les IFI peuvent lutter contre les opérateurs financiers privés dont les actions appauvrissent excessivement le capital écologique des pays en développement.

Les IFI doivent respecter les accords internationaux, et les décisions prises par leurs membres dans les Conférences internationales (Rio, Kyoto, etc.).

Rejeter les plans d'ajustements structurel (PAS) et la conditionnalité des prêts

Les plans d'ajustement structurel ainsi que la doctrine de la conditionnalité, qui sont au centre de l'action du FMI, doivent être radicalement rejetés. La lutte contre les déséquilibres macro-économiques (inflation, déséquilibre du commerce extérieur et des finances publiques) ne peut se faire au détriment des objectifs de développement économique et social à long terme. Ensuite, il est nécessaire de consulter les pays qui ont besoin d'être aidés, et leurs instances démocratiques, avant de mettre en application des politiques économiques recommandées par les IFI. De même, il est essentiel de donner la possibilité aux pays en question de fermer provisoirement leurs frontières pour se protéger contre la concurrence excessive ou la spéculation. Cela revient à accuser le FMI pour les pressions qu'il exerce en vue de libéraliser les mouvements de capitaux, d'imposer l'« ouverture du compte de capital » selon le jargon du FMI. Enfin, les pays doivent être en mesure de contester devant une instance internationale les politiques qui leur sont appliquées par la communauté financière internationale, par exemple le retrait brutal de fonds par les banques et les investisseurs étrangers.

La « solvabilité » d'un pays est en réalité appréciée aujourd'hui selon sa taille (il en est qui sont *« too big to fail »*) et sa place dans les stratégies internationales des grandes puissances capitalistes : sont ainsi expliqués par leur position géopolitique les divers « sauvetages » du Mexique, de la Corée, de l'Argentine, de la Turquie. Le principe des plans d'ajustement structurel est précisément de rendre « solvables » à court terme les pays emprunteurs, c'est-à-dire les pays « émergents », selon les normes de la finance de marché.

Le FMI ne fait pas de politique !

Turquie-Argentine : deux poids, deux mesures ...

L'Argentine était désignée comme le « meilleur élève du FMI », par suite de ses politiques de libéralisation, de privatisation, de réduction des dépenses publiques. Résultat : en novembre 2000, l'Argentine se trouve dans l'incapacité de refinancer sa dette publique sur le marché euro-obligataire. Au même moment, la Turquie est confrontée à une grave crise de son système bancaire. En décembre, le FMI, avec l'aide de la Banque mondiale et de la BID (Banque interaméricaine de développement), s'engage à accorder un prêt de 39,7 milliards de dollars à l'Argentine et d'une dizaine de milliards à la Turquie.

En décembre 2001, le FMI bloque un premier versement de 1,26 milliard de dollars sur une nouvelle tranche accordée à l'Argentine, au motif que la réduction des dépenses budgétaires à laquelle Buenos Aires s'était engagée n'a pas été atteinte. Le FMI subordonne toute nouvelle aide à trois conditions : une réforme fiscale transférant la plus grande part des charges fiscales aux provinces, un engagement formel de réduction des dépenses budgétaires et une réforme du système bancaire. Dans le même temps, le FMI annonce son intention d'accorder un prêt supplémentaire de 14 milliards de dollars à la Turquie.

En février 2002, alors que la libéralisation à laquelle les autorités turques s'étaient engagées dans le domaine de l'électricité et des télécoms n'est toujours pas intervenue, et que la corruption perdure, le FMI confirme une nouvelle aide à Ankara. À la suite d'une mission sur le terrain d'experts du FMI en avril 2002, le FMI refuse de nouveau d'aider l'Argentine tant que son Parlement ne votera pas une loi garantissant une réduction drastique du déficit cumulé des provinces, réduction qui se traduirait par le licenciement d'environ 400 000 fonctionnaires, dans un pays où le taux de chômage dépasse déjà les 20 %.

La situation géostratégique de ces deux pays explique la différence de traitement : après les événements du 11 septembre 2002, la Turquie constitue un allié privilégié des États-Unis, proche du Golfe persique, de l'Irak et de l'Afghanistan. L'Argentine, en revanche, est isolée au sein du continent sud-américain et, à la différence de la crise mexicaine en 1994-1995, les risques systémiques de diffusion de ses difficultés financières ont paru limités. Des observateurs de plus en plus nombreux commencent toutefois à redouter une contagion de son malaise politique, sinon une contagion financière.

Parallèlement à notre opposition aux plans d'ajustement structurel, il est nécessaire de définir de nouvelles modalités de crédit à des conditions hors marché (taux d'intérêt bonifiés ou préférentiels). Il est souhaitable d'aller vers la création d'un Fonds mondial pour le développement, chargé de financer les projets les plus urgents et d'assurer les nécessaires transferts de technologie vers les pays du Sud. Le choix des projets, leur suivi et leur évaluation devraient être de la responsabilité d'un organisme lié aux Nations unies, par exemple le PNUD, où les populations concernées pourraient être directement représentées. De même, on doit envisager la création d'un Fonds de stabilisation des matières premières destiné à préserver le pouvoir d'achat des pays exportateurs.

Promouvoir la redistribution des richesses

La mondialisation et la finance libérales ont renforcé les inégalités dans tous les pays, d'une part, entre les pays du Nord et du Sud, d'autre part. Elles ont aussi renforcé les inégalités entre les hommes et les femmes. Redistribuer les richesses pour favoriser un développement économique, social et humain équilibré sur l'ensemble de la planète est l'objectif prioritaire. Les financements recourant au marché sont dans l'incapacité de jouer ce rôle. Les financements publics (aide au développement, prêts hors conditions du marché) doivent être considérablement développés, alors que leur part n'a cessé de se réduire depuis que la finance libéralisée domine.

L'aide publique au développement est une des seules formes actuelles de financement échappant à la logique du marché : elle doit être accrue, malgré ses limites. Mais l'objectif doit être de développer la taxation du capital destinée à alimenter ces financements publics. Les recettes de la taxe Tobin seront largement utilisées dans ce but redistributif à l'échelle internationale et dans les pays en proie à de profondes inégalités, avec l'objectif prioritaire de financer les dépenses permettant le développement humain (éducation, santé, agriculture).

Quelques chiffres sur l'aide publique au développement (APD)

Total OCDE

1992 (maximum) : 60,85 milliards de dollars (0,33 % du PIB de l'OCDE)
1999 : 55,9 milliards de dollars (0,24 % du PIB)
2000 : 53,74 milliards de dollars (0,22 % du PIB)
À titre de comparaison, le service de la dette représentait 349 milliards de dollars en 1999 pour les pays en voie de développement (PVD), contre 167 milliards en 1992.

Les plus gros donateurs, en volume (2000)

Japon : 13,5 milliards de dollars (0,28 % du PIB) ;
États-Unis : 9,9 milliards (0,10 % du PIB) ;
Allemagne : 5 millards de dollars (0,27 % du PIB) ;
Royaume-Uni : 4,5 milliards (0,32 %) ;
France : 4,1 milliards (0,32 % du PIB) ;
Pays-Bas : 3,1 milliards de dollars (0,84 % du PIB).

Les plus gros donateurs en pourcentage du PIB, en 2000

Danemark : 1,06 % ; Pays-Bas : 0,84 % ;
Norvège : 0,80 % ; Suède : 0,80 % ;
Luxembourg : 0,71 % ; Belgique : 0,36 %.

POUR UNE RÉFORME RADICALE

L'avenir de la planète est, répétons-le, débattu dans des cénacles excluant les trois quarts de ses habitants et privilégiant les profits financiers de quelques-uns plutôt que le bien-être du plus grand nombre.

Dans ces domaines monétaires et financiers, une transformation radicale des mécanismes actuels de représentation et de décision s'impose, que cette transformation s'opère à travers une réforme des statuts de ces deux institutions ou qu'elle se fasse par une mise à plat de l'ensemble des problèmes monétaires et financiers, dans le cadre plus général d'une conférence internationale. Quelle que soit la solution retenue, les négociations devraient être conduites sous le contrôle des Nations unies, seule instance de représentation pouvant se réclamer aujourd'hui d'une légitimité universelle.

Les IFI ne pourront contribuer à une régulation du système financier international rompant avec leurs dévoiements actuels que si leur fonctionnement est gouverné par quelques principes, en rupture profonde avec leurs pratiques actuelles.

Démocratisation à tous les niveaux

Les IFI, issues de Bretton Woods, se caractérisent par un profond déficit démocratique qui se manifeste par le secret entourant les études et les prises de décision, la concentration des pouvoirs aux mains des pays les plus riches, l'absence quasi totale de femmes dans les instances décisionnelles. Une participation équilibrée des femmes dans les lieux de décision permettrait de lutter contre la reproduction des inégalités du genre.

Un premier axe prioritaire doit donc être la démocratisation du vote et des modalités de prise de décision, afin de garantir une représentation équitable et équilibrée qui ne soit plus au service exclusif des pays développés les plus riches et du profit.

Le deuxième axe qui s'impose est l'instauration d'un réel contrôle de chaque parlement national, avec la collaboration des représentants des ONG, syndicats, mouvements de femmes, etc. Ce contrôle doit notamment s'exercer sur les administrateurs des IFI, qui sont par ailleurs des ressortissants nationaux devant être soumis à l'autorité du Parlement de leur pays. Il faut, pour cela, revendiquer l'organisation de débats publics contradictoires par les parlementaires et exiger qu'ils assurent la publication et la diffusion de rapports d'information. Une solution structurelle pourrait être la création à l'Assemblée nationale et au Sénat, d'une Délégation aux institutions multilatérales sur le modèle de la Délégation pour l'Union européenne.

La démocratie participative ne saurait être cantonnée à la gestion des problèmes locaux. Attac ne se réclame pas sans raisons du mot d'ordre « agir local, penser global ». Les populations locales – comme leurs élus, leurs syndicats ou leurs associations – qui subissent directement les conséquences des interventions des IFI sont concernées au premier chef par cette démocratisation. Leur information et leur consultation doivent être systématiques. Les interventions des IFI doivent faire l'objet non seulement de débats, mais aussi d'une approbation préalable par les parlements nationaux, faute de quoi elles entraînent des situations de désespoir et de colère incontrôlables politiquement et inefficaces économiquement. La crise argentine en est une illustration exemplaire.

Négocier l'adhésion des populations concernées implique enfin et surtout la remise en cause du système actuel des « conditionnalités », contradictoire avec l'idée même de coopération et de rééquilibrage des rapports inégaux entre pays riches et pays en développement.

Rattachement à une ONU elle-même réformée

Les IFI, comme l'OMC, ont des domaines d'action qui étaient au départ circonscrits et auxquels elles auraient dû être cantonnées. À l'inverse, les Nations unies sont une organisation universelle. Les IFI sont, en principe, rattachées au système des Nations unies, mais elles s'en sont complètement émancipées. Il est essentiel de les y subordonner à nouveau, seul moyen – en l'état actuel des relations internationales – de les soumettre à un contrôle extérieur, d'une part, et de les amener à respecter des principes fondamentaux, supérieurs aux intérêts financiers et commerciaux, d'autre part.

Il faut, en particulier, replacer le travail et les rapports sociaux de production au centre du débat. Tel qu'il est engagé, surtout depuis Seattle, le débat sur la « clause sociale » sert objectivement les intérêts capitalistes, en divisant les travailleurs du Nord et du Sud, en surexploitant les travailleurs du Sud et en particulier les femmes. Les travailleurs du Nord ne sont pas épargnés : le chantage à la délocalisation pèse en permanence sur eux, pour leur imposer modération salariale et régression des droits acquis. Dans ce domaine, c'est principalement aux syndicats qu'incombe la responsabilité de prendre l'initiative, notamment dans le cadre de leurs organisations internationales et dans celui de l'OIT, pour mettre sur pied un front commun pour la défense et l'avancée universelle des droits du travail, avec le soutien des organismes de recours.

Cette réforme des IFI, indépendamment de leur confrontation avec les autres dispositifs internationaux existants, devra passer également par la mise en place d'instances d'évaluation indépendantes, extérieures à ces institutions, qui seraient rattachées au système des Nations unies. La possibilité de leur saisine par les parties concernées, mais aussi par les représentants des Parlements et des autres secteurs se réclamant de la « société civile » serait un pas en avant considérable dans la démocratisation du système financier international.

Reconnaissance des droits économiques, sociaux et culturels

La reconnaissance des droits économiques, sociaux et culturels renouvellerait l'approche des évaluations et leur donnerait un cadre commun de cohérence. Cette évaluation devrait être conduite en prenant comme référence la Déclaration universelle des droits de l'homme. Les IFI, tant le FMI que la Banque mondiale, et les institutions régionales, comme toutes les institutions internationales, ne peuvent échapper au respect des droits. La Déclaration universelle est par définition universelle ; elle lie les États qui l'ont ratifiée dans leurs actions spécifiques et dans leurs responsabilités en tant qu'actionnaires ou que membres des institutions internationales. Aucun organisme international ne peut s'abriter derrière son règlement intérieur pour se considérer comme libéré du respect des accords internationaux, comme l'a expliqué récemment le FMI.

Le droit international devrait permettre de garantir les droits fondamentaux. Dans le contexte de la mondialisation libérale, comment garantir ces droits ? Voilà qui interroge alors la nature et la légitimité des pouvoirs. La première approche consiste à déterminer les responsabilités : celles du pouvoir politique, et particulièrement des États et des institutions internationales, et celles du pouvoir économique, et particulièrement des entreprises et des multinationales. Dès lors qu'une violation est établie, il faut pouvoir interpeller ceux qui, par leurs actions ou leurs politiques, en sont responsables. Cette approche renvoie à la justiciabilité des droits et à la définition des instances de recours à l'échelle globale. Elle implique un réaménagement du rôle des institutions publiques dans la garantie des droits, notamment entre les échelles institutionnelles locales, nationales, régionales et mondiales. Elle induit un approfondissement de la conception de la citoyenneté et du rôle des citoyens dans la mise en œuvre de cette garantie.

Le droit international gagnerait grandement à l'adoption du Protocole additionnel facultatif au Pacte international relatif aux droits économiques, sociaux et culturels. Ce protocole a été demandé par la Conférence mondiale de Vienne sur les droits de l'homme, en 1993. Il reconnaîtrait aux particuliers et aux groupes le droit de présenter des plaintes formelles relatives au non respect du Pacte. Ce serait un pas en avant considérable vers la justiciabilité et la reconnaissance de l'indivisibilité des droits civils, politiques, économiques, sociaux et culturels. Une ratification par cinq États est nécessaire pour l'entrée en vigueur de ce protocole.

Dans chaque mobilisation internationale, cette référence aux droits est de plus en plus centrale. C'est à Seattle, qu'une idée simple s'est dégagée : le droit international ne peut pas être subordonné au droit des affaires. Cette évidence est issue de la remise en cause de l'Organe de règlement des différends, bras armé de l'OMC, qui juge en dehors des accords multilatéraux et sans recours possible.

Le fondement du droit international ne peut être que la Déclaration universelle des droits de l'homme. À cette condition, il peut être porteur d'une nouvelle modernité. Il permettrait alors aux mouvements citoyens de chaque pays de se mobiliser pour faire avancer les situations. Il permettrait aux citoyens de disposer d'un recours si leurs droits sont violés. Les Nations unies peuvent s'ouvrir à la complexité des sociétés, reconnaître les acteurs émergents, leur donner une légitimité. Elles peuvent encourager les États à garantir les droits et à renforcer, par là-même, leur légitimité. C'est la base d'une refondation des Nations unies.

Réduction du déséquilibre entre créanciers et débiteurs

Le fonctionnement actuel des IFI est totalement asymétrique, puisque les pouvoirs de décision sont concentrés entre les mains des pays riches créanciers. Cela signifie que les pays débiteurs supportent généralement le fardeau des ajustements provoqués par des déséquilibres internationaux dont ils ne sont pas seuls responsables. De plus, les pays débiteurs ne disposent en général d'aucune marge de manœuvre dans le choix de leurs politiques économiques et sociales. Ce pouvoir exorbitant des créanciers, caractéristique de la finance libérale, doit être remis en cause. La gestion des opérations de financement des intérêts de la dette des pays en développement et de son remboursement doit se faire sur une base paritaire, reconnaissant la coresponsabilité entre créanciers et débiteurs dans la formation de la dette. Ce principe d'égalité implique notamment une remise en cause profonde des mécanismes de fonctionnement des Clubs de Paris et de Londres, gestionnaires de la dette publique et privée des pays en développement.

Les Clubs de Paris et de Londres

Les Clubs de Paris et de Londres sont, depuis une vingtaine d'années, des rouages importants de l'ordre financier international, leur rôle étant d'assurer la gestion de la dette des pays en développement, en liaison étroite avec les institutions de Bretton Woods. Le Club de Paris, dont la France (la direction du Trésor) assure la présidence et le secrétariat, regroupe les États créanciers dans le but de définir des politiques communes face aux pays endettés en difficulté. Le Club de Paris définit, en particulier, les mesures de rééchelonnement de la dette en fonction de la situation spécifique de chaque pays et de critères fondés sur leur niveau d'endettement et de développement. Le Club de Paris coopère étroitement avec le FMI : ce dernier n'accepte d'aider un pays en difficulté que si le Club de Paris indique sa volonté de restructurer le service de la dette de ce pays, et réciproquement.

Le Club de Londres regroupe les banques créancières au sein de commissions (*steering committees*) chargées d'examiner les facilités de paiement octroyées à des débiteurs en difficulté. Le FMI fournit des informations aux banques, et ces dernières conditionnent souvent leur politique de rééchelonnement à l'existence d'une surveillance renforcée par le Fonds. Le fonctionnement des deux Clubs est, en principe, indépendant, mais, dans la réalité leurs politiques sont liées dans la mesure où le refus d'aide des banques aboutit à ce que les créanciers publics, regroupés au sein du Club de Paris, sont de plus en plus exposés au risque de défaut des pays endettés.

Bien qu'elles s'en défendent, les autorités françaises participent pleinement à la logique actuelle du système financier international, fondée sur la domination absolue des pays riches, dans la mesure où le Club de Paris se présente comme un syndicat de défense des États créanciers basant ses interventions sur les critères qui dictent les politiques d'ajustement structurel du FMI. Cette connivence entre les responsables français et le FMI est illustrée par le fait que les deux précédents directeurs généraux du FMI ont été les Français Jacques de La Rosière et Michel Camdessus, tous deux anciens directeurs du Trésor au ministère de l'Économie et des Finances.

Régionalisation

La régionalisation des IFI permettrait d'atteindre un triple objectif : diminuer le pouvoir excessif du FMI et de la Banque mondiale, réduire l'emprise des États-Unis, et les rapprocher des populations et des gouvernements locaux. Il faut cependant éviter qu'elle débouche sur des politiques de blocs, formés autour de grandes puissances régionales, qui renforceraient l'instabilité et la concurrence entre les peuples et engendreraient des replis protectionnistes en cascade, comme l'a montré l'histoire des années 1930. Ce risque pris en compte, la régionalisation des IFI devrait permettre à celles-ci de contribuer plus efficacement à la solution des défis locaux. Une structure polycentrique devrait caractériser l'architecture future des organisations internationales. Les IFI régionalisées, intégrées au système des Nations unies, seraient ainsi reliées entre elles par des accords de coopération et de coordination. Dans cette structure, le capital de la Banque mondiale serait réparti entre les banques régionales de développement. La Banque verrait alors son rôle limité à celui d'un organisme de garantie, n'accordant plus directement de prêts.

La formation de zones monétaires régionales, comme celle de la zone euro, fait l'objet de discussions dans certains pays émergents, notamment en Amérique latine. La question est difficile. D'un côté, il s'agit, pour ces pays émergents, de contrer l'hégémonie du dollar sur leurs politiques et sur leurs monnaies, telles que les diverses formes de « dollarisation » l'imposent. Leur capacité de négociation avec le FMI, où domine l'influence américaine, pourrait en être accrue. Mais, d'un autre côté, l'expérience a montré que la création de blocs monétaires liés à des zones de libre échange (« un marché, une monnaie ») aggrave le risque d'instabilité et la concurrence internationale, jusqu'à ce qu'émerge – par nécessité – une monnaie de référence mondiale, qui a toutes les chances d'être celle du pays capitaliste devenu « leader ». Est-il souhaitable, pour les pays émergents, que leurs monnaies régionales – si elles peuvent se créer – participent à l'instabilité générale, sans pour autant accéder au rang de grandes devises ? Et cela au prix de sacrifices accrus pour les populations, comme l'ont montré par exemple les coûts, en termes d'austérité pour les salariés en Europe, du processus de formation de l'euro.

Les différents types de « dollarisation »

La « dollarisation » peut renvoyer à un ancrage du taux de change des monnaies dépendantes par rapport au dollar, réalisé à travers un régime de change fixe (parité dollar), ou à travers un taux de change fluctuant par rapport au dollar. La « dollarisation » peut aussi renvoyer au système du *currency board*. C'est notamment le cas de l'Argentine qui, en 1991, avait arrimé sa monnaie au dollar, sur la base 1 peso = 1 dollar. Enfin, quelques pays d'Amérique latine ont adopté le dollar comme monnaie nationale. Le FMI n'a rien à voir dans ces décisions puisque, depuis 1976-1978, les pays membres peuvent librement choisir leur régime de change.

Cependant l'avenir des monnaies dépendantes et faibles est discuté. Certains spécialistes pensent qu'elles sont appelées à disparaître. Il ne subsisterait à terme que quelques grandes monnaies régionales, sur le modèle de l'euro : autour de la monnaie brésilienne, dans le cône sud-américain, autour du yen du Japon dans le Sud-Est asiatique, etc. Il faut cependant noter que, pendant la « crise asiatique », la proposition japonaise de constituer un fonds asiatique de crédit pour les pays en difficulté à été repoussée par les États-Unis et par le FMI. La mise en commun de réserves en devises semble n'être tolérée qu'au sein des banques régionales de développement, dont les opérations n'affectent pas le rôle central du FMI à l'échelle internationale, ni la hiérarchie actuelle des monnaies – dollar, euro, yen , le cas de la livre sterling étant plus incertain dans la perspective de l'adhésion du Royaume-Uni à l'euro.

Dans ce domaine, il importe de mener une réflexion sur une monnaie mondiale commune, ce qui n'a rien d'utopique si l'on se réfère aux propositions avancées par Keynes à Bretton Woods, que les États-Unis avaient alors rejetées. On peut envisager une monnaie internationale de référence commune aux échanges extérieurs et aux crédits entre États, ceux-ci conservant leur souveraineté monétaire et l'autonomie de leur politique monétaire. Une des clauses finalement retenues par les signataires de Bretton Woods était, rappelons-le, l'absence de liberté de mouvement des capitaux. Réintroduire ce type de proposition, bien oubliée depuis, suppose évidemment qu'elle s'inscrive dans un changement fondamental par rapport à la logique économique prédominante actuelle.

Une monnaie internationale : projet utopique ?

À Bretton Woods, John Maynard Keynes avait suggéré sans succès un système qui éliminerait l'or et ne donnerait aucun rôle privilégié à une monnaie nationale. Il proposait, pour cela, la constitution d'un Fonds de compensation réunissant les banques centrales, dont les comptes auraient été tenus en une unité monétaire mondiale, abstraite, qu'il dénommait le *bancor*. L'idée était d'associer l'élasticité, propre aux banques, à la stabilité attachée à l'or. Le bancor était défini par ses rapports avec les différentes monnaies. Après compensation, chaque banque centrale se serait retrouvée avec des crédits ou des débits nets, inscrits à son compte auprès du Fonds.

Création de mécanismes et d'instances de recours

La régulation mondiale ne peut pas être définie uniquement en termes institutionnels, indépendamment de la question des droits. Il est indispensable que les IFI se soumettent au droit international, particulièrement aux protocoles et aux accords auxquels ont souscrit la plupart de leurs États membres. Il est, en effet, possible de réguler l'économie et les échanges à partir du respect des droits : civils, politiques, économiques, sociaux et culturels.

Nous devons, pour cela, nous appuyer sur la dialectique qui se développe entre la mondialisation d'une part, et la structuration en cours d'espaces régionaux d'autre part, comme l'Union européenne (UE), l'Accord de libre-échange nord-américain (Alena) conclu entre le Canada, les États-Unis et le Mexique, le Marché commun du Sud (Mercosur) signé par l'Argentine, le Brésil, le Paraguay et l'Uruguay, ou l'Association des nations du Sud-Est de l'Asie (ANASE) qui regroupe dix États de la région. Le contenu de ces accords est aujourd'hui fondamentalement néolibéral dans l'esprit et la lettre. En revanche, les proximités géographiques donnent à voir aux populations, de façon immédiate, les solidarités et les oppositions des intérêts en présence. Elles donnent aussi à voir de façon immédiate les privilèges des uns et l'infortune des autres. Ce faisant, les proximités géographiques peuvent favoriser des mobilisations populaires pour s'opposer à un nivellement par le bas des conditions de vie et de travail, pour imposer des normes juridiques qui garantissent le respect, localement, de principes juridiques fondamentaux. Se réclamant des accords de l'Alena, les camionneurs mexicains revendiquent aujourd'hui le droit de circuler librement sur le territoire des États-Unis. Le Mercosur a immédiatement réagi au moment du coup d'État avorté contre Hugo Chavez, au Venezuela. En Europe, la Charte des droits fondamentaux adoptée à Nice en décembre 2002 constitue une régression pour les travailleurs de certains pays, mais elle peut devenir demain un tremplin pour imposer une réévaluation des droits sociaux.

Dans cette perspective, il est nécessaire d'organiser des possibilités de recours des États et des citoyens devant des juridictions internationales pour violation des traités internationaux ou pour non-respect des droits fondamentaux. Aujourd'hui, seuls les États sont reconnus comme sujets du droit international. Il est donc important d'obtenir une transformation du cadre juridique dans lequel fonctionnent les juridictions internationales, afin de permettre aux structures de représenttaion de la société, mais aussi aux simples citoyens d'ester en justice à l'échelon international contre les États, les entreprises ou les organisations internationales.

Conclusion

Le 11 septembre 2001, à New York et à Washington, un événement, au sens le plus fort du terme, a fait irruption sur la scène de l'Histoire. Cette situation interpelle les mouvements citoyens qui ont toujours refusé de se laisser enfermer dans la représentation absurde de la guerre des civilisations et qui défendent la solidarité internationale entre les peuples.

La mondialisation, dans ses formes actuelles, exacerbe les conflits. Elle affaiblit la régulation publique et la capacité de correction des déséquilibres. Elle subordonne la liberté de circulation des personnes à la liberté de circulation des capitaux et des marchandises, vidant les pays de leurs compétences humaines, assignant à résidence les peuples, niant les droits les plus élémentaires des personnes. Les nouveaux conflits, marqués par la désespérance et le manque de perspectives redoublent de sectarisme.

Dans un monde globalement de plus en plus riche, la pauvreté augmente, les inégalités prennent des proportions insoupçonnables, les discriminations sont la règle. La gestion de la crise de la dette a réduit à néant les espoirs nés de la décolonisation. Les rapports des institutions internationales décrivent, année après année, un monde de plus en plus inacceptable.

La prise de conscience de cette situation rend insupportable l'idée que rien ne peut la changer. Là réside le terreau des désespoirs qui peuvent donner prise à toutes les manipulations et à tous les terrorismes. D'autant que le règlement pacifique des conflits internationaux souffre de l'absence de démocratie internationale. L'ordre impérial dominant ne saurait en tenir lieu. Pour faire avancer la civilisation, il faut s'attaquer d'abord à la barbarie que constitue l'ordre injuste du monde.

Le mouvement citoyen mondial oppose le droit à la force, à la domination et à l'injustice. Le droit doit l'emporter, dans chaque société et au niveau international. Plusieurs des propositions portées par ce mouvement citoyen répondent à la double nécessité de lutter contre les inégalités sociales et géopolitiques et de construire les fondements d'un nouveau système international à partir des avancées du droit international. Citons à titre d'exemple : fonder l'annulation de la dette sur la reconnaissance de la coresponsabilité, et juger de son illégitimité devant des juridictions internationales ; organiser la redistribution des richesses à l'échelle mondiale et le respect des générations futures sur une fiscalité mondiale (écotaxes, taxation des transactions financières, etc.) ; lutter contre la criminalité financière par l'interdiction des paradis fiscaux et la saisie, sur instruction judiciaire internationale, des avoirs à l'étranger des responsables de la corruption ; lutter contre l'impunité par la mise en place des instances de recours juridique accessibles aux citoyens ; soumettre les institutions financières internationales et l'OMC au respect de la Déclaration universelle des droits de l'homme et des accords internationaux et les intégrer dans le système des Nations unies ; contrôler l'action des multinationales ; financer au niveau mondial, comme le propose le PNUD, l'égalité d'accès aux services de base des populations ; fonder, sur l'égalité des droits, un droit international des migrations ; etc.

ANNEXE

COMMENT FONCTIONNENT LES IFI

Le Fonds monétaire international (FMI)

En 2002, les pays membres du FMI sont au nombre de 183 ; ils n'étaient que 40 en 1946. Cette augmentation considérable est due principalement à l'afflux des pays en voie de développement, depuis la vague de décolonisation des années 1960, et à l'arrivée des pays dits « en transition », de la zone est de l'Europe, après la fin de l'URSS. Elle tient aussi au changement du rôle du FMI depuis les années 1970. Malgré cette augmentation du nombre de membres, la hiérarchie de l'institution n'a pas été bouleversée, le caractère hiérarchique restant fondé sur les conditions initiales d'adhésion et de droits de vote des États membres : « Un dollar, une voix », et non « Un État, une voix » en est l'expression simplifiée.

Modalités d'adhésion, quote-parts et droits de vote

La base statutaire de l'adhésion est le versement par chaque pays d'une quote-part : pour 25 % en devise(s) forte(s) [1], cette base d'adhésion correspon-

1. Ces devises fortes étaient convertibles en or à une parité indiquée par le FMI jusqu'en 1973.

dant à la base d'une capacité d'emprunt inconditionnel – on parle de « tranche de réserve » – et pour 75 % en monnaie nationale. Le calcul du montant de la quote-part se fait selon la formule qui date de la fondation du FMI, modifiée en 1983. Pour chaque pays, il est établi principalement en fonction de son produit intérieur brut (PIB), de sa balance commerciale et de ses réserves extérieures de change (or, dollars, puis DTS [1], et autres réserves au FMI). Il est censé refléter le poids économique d'un pays par rapport aux autres.

Ces quote-parts, révisables tous les cinq ans, constituent la base des ressources du FMI. Évalué en dollars courants, l'ensemble des contributions se montait à 273 milliards au début de l'année 2001 (dont 212 milliards de dollars de droits de tirage spéciaux), après un relèvement important en 1999 (+ 45 %). En cas de besoin, lors de crises des paiements de grands pays émergents, le FMI peut emprunter plusieurs milliards de dollars auprès d'une liste de pays possédant des monnaies fortes, conformément aux Accords généraux d'emprunt de 1983 et aux Nouveaux Accords d'emprunt de 1997. Car le grand problème du FMI est celui de ses ressources en devises fortes : les pays en voie de développement ont des quote-parts en monnaies dépendantes, mais

1. DTS : droits de tirage spéciaux. Il s'agit des attributions de crédits à un pays. Ils ne doivent pas, en principe, dépasser un plafond défini à partir de la quote-part, selon des tranches de crédit dont les taux d'intérêt et les conditions évoluent au cours du prêt. Le plafond du crédit est, en principe, fixé à 300 % de la quote-part.

sont, en revanche, emprunteurs en devises. Aussi, moins de la moitié des quote-parts totales est-elle utilisable comme ressource pour les crédits accordés par le FMI.

Les quote-parts donnent accès aux « droits de tirage » de chaque pays sur son compte. Elles servent aussi de base au calcul des droits de vote. Chaque État reçoit initialement 250 voix, hors quote-part, pour « remonter » un peu les voix des petits pays les plus pauvres. Ensuite, la répartition se fait en proportion d'une voix supplémentaire par tranche de 100.000 DTS. C'est là un aspect fondamental de la hiérarchie institutionnelle entre pays membres.

Instances

Le FMI comporte plusieurs instances. Le Conseil des gouverneurs, un par État membre, se réunit une fois par an. Ses pouvoirs sont délégués à un Conseil d'administration de 24 membres, dont huit sont permanents et nommés par les pays détenant un siège (d'une part, Allemagne, États-Unis, France, Japon, Royaume-Uni ; d'autre part, Arabie Saoudite, Chine et Russie). Tous les autres membres sont répartis en 16 circonscriptions, dont chacune élit son représentant pour deux ans. Mais, dans la pratique, ce sont les représentants des pays les plus riches et/ou les plus nombreux qui représentent en permanence leur circonscription (Belgique, Suisse, Brésil, etc.). Le directeur général du FMI est, depuis l'origine, un

Européen, à la Banque mondiale, cette fonction est occupée par un Américain.

Sur les huit pays membres permanents, les cinq premiers, pays capitalistes développés, détiennent près de 40 % des quote-parts et des droits de vote. Ils sont tous membres du G7. En ce qui concerne les votes, les États-Unis sont en tête avec 17,16 % (en 2001), ce qui leur donne une minorité de blocage pour les votes à la majorité qualifiée, lequels exigent de réunir au moins 85 % des voix. Ces votes à la majorité qualifiée sont requis pour les décisions telles que le changement des quote-parts, les allocations de DTS ou les ventes. Les États-Unis peuvent aussi, avec le concours de l'Allemagne, de la France, du Japon et du Royaume-Uni, bloquer les votes à la majorité qualifiée de 70 %, requise pour ce qui concerne la rémunération des avoirs en DTS ou le montant des intérêts perçus sur les crédits du FMI. Et si, de plus, on considère les votes à la majorité simple (plus de 50 %), l'ensemble des pays capitalistes développés membres du FMI détient 61,5 % des quote-parts en 2000 – ce montant n'étant jamais descendu sous la barre des 60 % depuis la fondation du FMI.

On nous dit que les décisions se prennent, en général, par consensus. Le manque de transparence des procédures fait que l'on ignore ce qui se passe réellement. Cela n'enlève rien au caractère hiérarchique de l'institution, dominée par les pays capitalistes développés selon leur poids économique, leur prépondérance dans le commerce mondial, la taille de leurs marchés financiers et la place de leurs monnaies.

Régimes de change, devises fortes et DTS du FMI

La hiérarchie économique internationale des économies, qui se manifeste dans les structures du FMI, est en même temps financière et monétaire. Sa signification s'est cependant modifiée après l'abandon, par les grandes monnaies, du régime de changes fixes (mais ajustables) en 1971-1973, qui a entraîné un changement de certains statuts du Fonds.

Dans les années 1944-1945, l'idée dominante était d'en finir avec les désordres des dévaluations compétitives de la livre sterling, du franc et du dollar pendant les années 1930. Pour cela, le FMI devait être une institution multilatérale de coopération monétaire, sur la base de parités officielles des monnaies en un étalon de référence. Le dollar, alors seule devise convertible en or à un taux fixe de 35 dollars l'once, était à la fois au centre du régime de change et au centre des ressources disponibles pour les tirages ; ceux-ci étaient prélevés dans le FMI par des pays capitalistes développés, confrontés à des difficultés temporaires concernant leurs paiements externes. Le Royaume-Uni et 23 autres pays capitalistes européens en ont ainsi usé, notamment en 1949, en dévaluant leurs monnaies bien au-delà des 1 % de marge de fluctuation par rapport à la parité qui étaient prévus par les statuts du Fonds. La livre sterling fut dévaluée de 30,9 % en 1949, et de 14,7 % en 1967, sans que s'exerce la moindre conditionnalité répressive par le Fonds, où coopéraient alors les grands pays capitalistes.

Après le retour à la convertibilité des monnaies européennes pour les seules opérations commerciales des résidents, en 1958, la situation monétaire a changé. L'essor des marchés financiers s'est greffé sur la convertibilité partielle des monnaies. La spéculation – sur les parités de change-or de la livre sterling puis du dollar – s'est déchaînée au cours des années 1960 et au début des années 1970, en relation avec les déficits intérieurs et extérieurs des États-Unis, et avec la force du mark allemand et du yen japonais – l'Allemagne et le Japon étant devenus membres du FMI en 1952. La crise du dollar, devenu inconvertible en or à la parité initiale ou à une parité inférieure, a fait sauter le régime de changes de Bretton Woods, remplacé par les fluctuations des principales monnaies sur le marché (1971-1973).

L'adaptation du FMI aux bouleversements des années 1970 a été difficile. La coopération monétaire en vue de la stabilité des taux de change a d'abord été remplacée par la « bataille » entre grandes monnaies, dollar et mark allemand principalement, pendant que des négociations se poursuivaient pour modifier le rôle du FMI et une partie de ses statuts.

Dans les années 1960 était apparue la proposition d'émettre une monnaie FMI, attribuable aux États membres : les droits de tirage spéciaux, ou DTS ;

ceux-ci auraient constitué une sorte de monnaie internationale, élaborée à partir de 16 monnaies de pays capitalistes développés, les DTS étant convertibles en or selon une parité stable.

L'avènement des changes flottants a fait sauter ce premier projet, remplacé par une nouvelle version des DTS (1976-1981). Cette monnaie FMI est une monnaie-panier actuellement composée de quatre devises : le dollar des États-Unis, l'euro, le yen et la livre sterling. Sa valeur est la somme des valeurs, en dollars et aux taux de change quotidiens de marché, des quantités des quatre devises, pondérées par décision initiale du Conseil d'administration. Le dollar y joue donc un rôle capital. D'une part, il sert de numéraire, son taux de change en lui-même étant égal à un ; d'autre part, en tant que monnaie principale des réserves et des transactions internationales, son poids dans le panier est le plus important ; sa valeur évolue avec les variations quotidiennes de son taux de change par rapport aux trois autres devises. Le taux de change du dollar par DTS est calculé chaque jour par le FMI et publié quatre fois par mois.

Politiques monétaires et « surveillance »

Le dollar est ainsi aujourd'hui encore à la base du système monétaire international, tout en étant flottant, c'est-à-dire libéré de la contrainte d'une parité définie en un étalon international non fiduciaire, comme l'or. Il est resté au sommet de la hiérarchie des devises fortes. Le DTS n'est pas devenu une « monnaie FMI » (deuxième et dernière allocation en 1981), et il n'est plus employé que comme unité de compte par l'institution. Les réserves des pays au FMI, libellées en DTS, sont librement échangeables contre les grandes devises.

Cependant l'instabilité des taux de change flottants, sous l'effet de la spéculation, gêne parfois les intérêts des grands États. Une gestion interétatique des taux de change des grandes devises est alors mise en œuvre, hors du FMI. Au cours des années 1980, cette gestion se réalise par accords au sein du G7. Dans les années 1990, elle se fait de façon informelle entre les banques centrales des pays capitalistes développés : elle s'est manifestée dans les cas des soutiens apportés au yen en 1998, à l'euro en novembre 2000, au dollar le 12 septembre 2001. Il est actuellement hors de question, pour les États-Unis, d'avoir un dispositif institutionnel de stabilisation des changes entre devises fortes. Ce sont les marchés qui fixent ces prix, selon les intérêts de la « communauté financière internationale » et de son oligarchie, auxquelles se sont ralliés les « riches » de la plupart des pays en voie de développement.

À quoi correspond alors « la ferme surveillance » des politiques de change des États membres du FMI ? Cette fonction est définie dans la nouvelle rédaction de plusieurs articles des statuts, qui a remplacé, depuis 1976-1978, la disposition initiale concernant la définition en or (ou en dollar-or) des

« parités fixes, mais ajustables ». Ce sont les devises fortes « librement utilisables » sur les marchés internationaux qui sont maintenant l'ancrage nominal du système. Les États sont libres de choisir leur régime de change, soit flottant, soit plus ou moins fixe, par rapport à une grande devise, ou à un panier de devises fortes. Si « la stabilité » du système monétaire international reste l'objectif central du Fonds (selon l'article I des statuts), les conditions ont profondément changé : il s'agit de gérer l'instabilité et les crises des monnaies dépendantes, selon des conditions qui imposent aux pays émetteurs de ces monnaies les nouvelles normes du capitalisme international.

La « ferme surveillance » se limite donc aux pays à monnaies dépendantes des devises fortes. C'est à ces pays, quand ils ont besoin d'emprunter au FMI, qu'est appliquée la « conditionnalité » des prêts, notamment les fameux plans d'ajustement structurel (PAS). Les normes d'intégration au capitalisme international sont celles des pays dominants de la « communauté financière internationale ».

Cependant, la place stratégique de certains pays par rapport aux politiques des grands États capitalistes a conduit à diverses « facilités de crédits » dérogatoires par rapport aux statuts du Fonds, en cas d'urgence (crises des paiements extérieurs) : au Mexique, en 1994-1995, avec des prêts se montant à 800% de la quote-part du pays au FMI ; au Brésil, avec le déplafonnement (600 % de sa quote-part en 1998) ; à la Corée du Sud (1900 % de sa quote-part en 1997-1998) ou, dernièrement, à la Turquie (2 500 % de sa quote-part en 2001).

Le FMI est ainsi à la fois excessivement rigoureux vis-à-vis de tous les pays à monnaie dépendante, et accommodant quant au volume de ses crédits d'urgence à ceux d'entre ces pays qui sont trop importants pour être mis hors jeu par une crise de leurs paiements extérieurs. Quand ses ressources de trésorerie sont insuffisantes, en cas de gros prêts hors plafond, le FMI peut lui-même emprunter temporairement des fonds selon des accords d'emprunts avec plusieurs pays, au premier rang desquels figurent les cinq pays capitalistes développés disposant d'un siège au Conseil d'administration .

Ce sont donc des fonds publics qui viennent tenter de combler, dans l'urgence, des déficits vertigineux, de sorte que les spéculateurs privés qui sont à l'origine des crises ne se trouvent pas impliqués par le dénouement de celles-ci. Des discussions ont eu lieu à ce sujet, en 1999, après la grande secousse de la crise asiatique, mais elles n'ont rien donné. Depuis novembre 2001, il est question d'une réforme des procédures concernant le règlement de la dette souveraine des États – dette publique vis-à-vis des créanciers étrangers publics, et privés y compris. Inspirée du droit américain des faillites d'entreprises privées, cette proposition [1] séduit une partie des néolibéraux. Elle ne serait applicable qu'en transformant le FMI en un organisme bâtard, à la fois créancier et juge des faillites, tout en sub-

1. Voir pp. 43-44, propos d'Ann Krueger.

stituant aux problèmes structurels des questions juridiques.

On peut cependant se demander quelle est la finalité d'une telle proposition de réforme quand la droite conservatrice américaine propose de supprimer purement et simplement le FMI.

La Banque mondiale et ses succursales

Initialement composée de 44 membres, la Banque mondiale en compte 181 en 2002. La Banque mondiale se présente comme un groupe de cinq institutions, dont les deux principales sont la Banque internationale pour la reconstruction et le développement (BIRD) et l'Association internationale de développement (AID). Le groupe de la Banque mondiale intègre également la Société financière internationale (SFI), l'Agence multilatérale de garantie des investissements (AMGI) et le Centre international de règlement des différends relatifs aux investissements (CIRDI).

Le groupe de la Banque mondiale a, selon ses statuts, pour vocation d'aider à la réalisation de projets dans les pays en voie de développement et dans les pays émergents. Il apparaît aujourd'hui comme le principal instrument multilatéral de financement des pays en développement, et joue également le rôle de catalyseur des financements publics et privés du monde en développement.

Le siège du groupe de la Banque mondiale est à Washington DC. Le groupe possède des antennes locales dans 67 pays. Il emploie plus de 9 000 salariés (contre 410 seulement en 1950) et gère un budget administratif de plus de 1,3 milliards de dollars, dans lequel les dépenses de personnel représentent 50 %.

La BIRD

La BIRD est en quelque sorte la maison-mère du groupe de la Banque mondiale. Son organisation peut être schématisée sous forme de deux réseaux distincts : les réseaux thématiques (par exemple la lutte contre la pauvreté) qui concentrent la grande majorité des effectifs, et les réseaux géographiques divisés en six régions, elles-mêmes définies en unités opérationnelles (*country management unit*).

Le pouvoir de décision au sein de la Banque appartient aux pays membres actionnaires. Chaque État membre désigne un gouverneur et un gouverneur suppléant chargés d'assumer cette responsabilité. Pour la France, ces deux responsables sont le ministre des finances et le directeur du Trésor. Comme les ministres ne se rencontrent qu'une fois par an à l'assemblée générale des gouverneurs, en septembre, au même moment que l'assemblée du FMI, ceux-ci délèguent l'essentiel de leurs pouvoirs au conseil d'administration. Les cinq principaux actionnaires, à savoir l'Allemagne, les États-Unis, la France, le Japon et le Royaume-Uni, nomment chacun un administrateur, les autres pays étant représentés par 19 administrateurs élus. Certains administrateurs ne représentent qu'un seul pays : c'est le cas de la Chine, de la Fédération de Russie et de l'Arabie Saoudite. La France envoie à Washington un seul administrateur, poste très convoité par les responsables de la haute administration financière française, pour la représenter à la Banque mondiale et au FMI.

Le président de la Banque est un personnage central : élu pour un mandat de cinq ans renouvelable, c'est lui qui définit largement la stratégie de la BIRD et de ses filiales. Depuis le début, cette fonction est confiée à un ressortissant des États-Unis, principal actionnaire de la Banque. La majorité de ses présidents a été recrutée parmi des banquiers américains. On retrouve là une double caractéristique de la Banque : elle est dominée par les États-Unis et gérée comme une banque privée qui génère des profits.

L'article premier des statuts de la BIRD fixe les objectifs suivants : « promouvoir le développement par l'investissement productif », « promouvoir et catalyser les investissements internationaux privés », « promouvoir l'expansion équilibrée des échanges internationaux en vue d'améliorer le sort des populations » (*sic* !), « contribuer financièrement au choix des projets les plus utiles et les plus urgents ».

Ainsi, la BIRD a une double fonction de conseil et de financement des pays en développement

(PED). Elle excerce son rôle de « financeur », soit directement en participant au financement des projets reconnus utiles dans les PED, soit indirectement, comme catalyseur, en apportant son soutien à des financements privés.

Le principe de la BIRD est simple. Les États fondateurs ont souscrit son capital, en fonction de leur importance économique respective. La BIRD finance ses prêts aux PED de deux manières, comme une banque ordinaire : en premier lieu, elle transforme son capital en prêts internationaux à des entreprises ou à des États qui ne peuvent obtenir des prêts aux conditions du marché. Mais l'essentiel de ses prêts est financé sur des ressources obtenues par l'émission d'obligations sur les marchés internationaux, généralement garanties par les États fondateurs. La BIRD prête directement aux pays à revenu intermédiaire dont le revenu annuel par habitant est inférieur à 5 445 dollars (données pour l'année 2000), ou aux entreprises et aux entités de ces pays.

L'AID

L'association internationale de développement (AID) a été créée en 1960 pour permettre au groupe de la Banque mondiale de financer les PED les plus pauvres, dont le revenu annuel par habitant est inférieur ou égal à 925 dollars, et qui n'ont pas accès aux marchés de capitaux. Ces financements prennent la forme de prêts à taux d'intérêt quasi nul, sur une durée de trente-cinq à quarante ans, ce qui représente un don équivalent à environ 85 % du prêt. Comme la BIRD, l'AID cofinance des projets avec des fonds émanant d'autres sources (aide publique au développement, par exemple). Tous les États membres de l'AID sont nécessairement membres de la BIRD.

La SFI

Créée en 1956, la Société financière internationale (SFI) est une entité juridique distincte de la BIRD, mais organiquement liée à elle. Elle est spécialisée dans le financement des entreprises privées dans les pays en développement. Elle fournit des ressources sous forme de prêts et de participations dans le capital des entreprises, en « syndiquant » (regroupant) des prêts d'autres établissements prêteurs et en offrant des services de conseil technique et financier. La SFI constitue la plus importante source de financement des projets des entreprises du secteur privé dans les pays en développement. Elle travaille directement avec les entrepreneurs, les sociétés et les institutions financières des pays développés et des pays en développement qui souhaitent lancer ou développer une entreprise. Ces financements ne sont pas garantis par les gouvernements, contrairement à ceux de la BIRD et de l'AID.

L'AMGI

Créée en 1988 pour aider les investissements directs étrangers (IDE) dans les pays en développement, l'Agence multilatérale de garantie des investissements (AMGI) fonctionne principalement comme un assureur. Elle garantit les IDE en les assurant contre les risques de transferts, d'expropriation, de rupture de contrat, de guerre et de troubles civils. Elle fournit une assistance technique aux pays en développement pour les aider à attirer les investissements étrangers.

Le CIRDI

La création du Centre international pour le règlement des différends relatifs aux investissements (CIRDI) en 1966 résulte de la volonté de la Banque mondiale de disposer d'une instance d'arbitrage indépendante. Il s'agit d'une institution juridiquement indépendante, mais qui entretient en réalité des liens étroits avec la BIRD. Comme les autres institutions du groupe, le CIRDI a été mis en place par un traité multilatéral. En 2000, 131 États avaient signé cette convention.

Les éléments sur lesquels se fonde le CIRDI pour la gestion des contentieux sont les contrats d'investissements internationaux, les réglementations nationales et les traités internationaux. Sa mission est la médiation et la conciliation, l'idée étant que l'existence d'une institution entièrement consacrée à ces missions pourrait contribuer à l'augmentation du flux d'investissement international.

Loin des objectifs initiaux...

Au départ, la BIRD avait deux grands objectifs, comme son nom l'indique : l'aide à la reconstruction des pays (principalement développés) dévastés par la Seconde Guerre mondiale, et le financement du développement. Dans la réalité, avec le plan Marshall, la BIRD a tenu un rôle secondaire dans le financement de la reconstruction des pays belligérants d'Europe et d'Asie. Cela explique que son domaine d'intervention s'est initialement centré sur l'Amérique latine et l'Afrique.

Pendant longtemps, la BIRD se limita à aider le financement des projets d'infrastructure. Puis, avec le processus de globalisation financière, qui a entraîné une montée des crises dans les PED, notamment les pays « émergents », et une aggravation des inégalités entre pays riches et pauvres, le groupe de la Banque mondiale a élargi son domaine d'action, ce qui s'est notamment traduit par la création de filiales, telle que l'AID, spécialisée dans le financement des pays les plus pauvres.

À l'instar du FMI, le groupe de la Banque mondiale s'est éloigné de ses objectifs initiaux, non seulement parce qu'il s'est adapté à l'évolution de son environnement, mais aussi parce qu'il a constamment cherché à légitimer son existence et à accroître ses pouvoirs sur la scène internationale. Cette volonté d'élargir son champ de compétence, tout en restant dans une logique financière et libérale encadrée par la forte tutelle des États-Unis, a pris récemment la forme de « la lutte contre la pauvreté » comme objectif central du groupe de la Banque mondiale.

Ce thème large recouvre en fait une volonté de reprendre l'initiative au moment où les effets néfastes de la libéralisation financière se manifestent avec force, ce qui décrédibilise la Banque mondiale ; celle-ci est en effet dominée par l'idéologie libérale et censée lutter contre le sous-développement, dont la pauvreté est une des manifestations les plus visibles. Deux caractéristiques peu compatibles entre elles !